JN208338

シン読解力

学力と人生を決めるもうひとつの読み方

新井紀子

東洋経済新報社

まえがき

私がなぜこの本を書こうと思ったのか、その理由を最初にお話しします。

私は２０１１年から、ＡＩの可能性と限界を探るため、「ロボットは東大に入れるか」と銘打った人工知能のプロジェクトを10年間率いてきました。そのプロジェクトで開発された通称「東ロボ」というＡＩは、２０１３年から4年間、大学入試センター試験（現：共通テスト）と東京大学の本試験の模試にチャレンジしました。「東ロボ」が東大合格レベルに達することはありませんでしたが、その「能力」は有名私立大学の合格圏内に達しました。

同時に私は、「東ロボ」に日本語を学習させるために試行錯誤したノウハウを応用して「リーディングスキルテスト（ＲＳＴ）」を開発し、日本人の「読解力」について、大がかりな調査と分析を始めました。

ＲＳＴを通じて中高校生の実態を知れば知るほど、彼らが社会に出ていく頃には、ＡＩ

に仕事を奪われかねないと危機感が募るようになりました。そこで、「東ロボ」の成果とＲＳＴを通じた「読解力」調査の成果をまとめ、２０１８年に『ＡＩ vs. 教科書が読めない子どもたち』を出版したのです。

『ＡＩ vs. 教科書が読めない子どもたち』が世に出ると、前半の「ＡＩ」より、後半の「教科書が読めない子どもたち」に注目が集まり、さまざまなメディアに取り上げられました。「教科書くらいは誰でも読めるはず」と考えられていたことにフォーカスが当たったのはとてもありがたいことでしたが、一方で大きな違和感も覚えました。

「だから、国語が大事」、「若者に読書をもっとさせなければいけない」という結論で締めくくるメディアや識者がとても多かったからです。

そんなわけがありません。学校図書館の本は読破し、国語では常にトップという成績でも、数学の教科書が読めないということはいくらでもあります。

まさに私がその例だったのです。

私は、「数学が不得意で大嫌いな文学少女」として中学高校時代を過ごしました。小学校高学年にはすでに算数の文章題が苦手だったような気がします。中学校の数学の先生には、「数学が苦手だから、高校は女子大の附属高校に行ったほうがいい。どうせ大学入試も数学で苦労するから」と突き放されたほどです。実際、高校に進学してからも、毎回定期テストで足を引っ張られるのは数学でした。この世から数学がなくなったらどんなにいいかと思うほどでした。ただ、志望の大学は、マークシート式の一次試験だけでなく二次試験の筆記でも、数学ⅡＢまで必須だったため、嫌々その勉強をしました。合格通知を手にしたとき私が最初にしたことは、数学の教科書と問題集をすべてまとめて石油缶の中に突っ込み、燃やすことでした。それほど数学を忌み嫌っていたのです。

ところが、大学に入学してみると、1、2年生は数学が必修科目だということがわかり、泣きたくなりました。しぶしぶ出席した授業を教えていたのは、（そのときには気づきませんでしたが）なんと、私が焼き払った高校数学の教科書の執筆者のひとりだった松坂和夫先生でした。

松坂和夫先生の講義は、中高までの「例題と発展問題の解法を教える授業」とは異なり、数学の教科書を正しく読み解くことに主眼を置いたものでした。松坂先生に、一から数学の教科書の読み方を指導してもらううちに、徐々に私は数学の教科書が読めるようになっていきました。どうやら、私は自己流で身につけた「物語の読み方」で、あらゆる教科書を読もうとして、数学や物理・化学など、いくつかの教科書の読み方に失敗していたらしいのです。

それでも、数学を書くほうはまだまだでした。章末の証明問題を解いて提出すると、真っ赤になるほど修正されました。文の順序、助詞の使い方まで直されるのです。まるで、茶道や日本舞踊の稽古のようで、最初は窮屈に感じましたが、正しい読み方と書き方の型を身につけると、力を入れずに自然に証明が書けるようになっていました。そして、気づいたときに私は数学者の卵になっていたのです。

この経験から、私は3つのことを学びました。

ひとつは、各教科の教科書を読み解けるような読解力を身につけるには、読書では不十分なこと。場合によっては、読書で身につけた自己流の読みが、一部の教科の読解を阻害することさえあるのです。

2つ目は、教科書の書かれ方には、ある種の「型」があり、その「型」を意識させるほうが自由に読ませるより教育効果が高いこと。型を身につけるには、トレーニング以外にないことです。

そして、3つ目は、18歳以上で、しかもその教科が大嫌いでも、トレーニングの内容が適切で、学習者にトレーニングを継続する能力と意欲さえあれば、人生で困らない程度にはその教科の読み書きを身につけることができる、ということです。「フェルマーの最終定理」を解けるような数学者になるには才能も不可欠でしょうが、私程度の数学者になるとか、工学者や経済学者になるために必要な数学であれば、才能うんぬんではなく、18歳以上からでもトレーニングで身につく可能性は十分にあります。

ただ、「国語」と「数学」の読み方に違いがあるということや、トレーニングで後天的に数学の読み書きを身につけることができるということが、単なる私の個人的経験なのか、それとも普遍性があることなのかはわかりませんでした。しかし、ＲＳＴの開発と普及によって50万人の受検者データを手にし、これを徹底的に分析することによって、みなさんに自信をもってお伝えすることができるようになったのです。

しかも『ＡＩ vs. 教科書が読めない子どもたち』から7年ほどの間に、多くの自治体、教育委員会、学校現場のご理解をいただき、協働作業で子どもたちの読解力向上のノウハウについて研究・実践を続け、驚くほどの成果を上げることができました。鹿児島県の種子島にある西之表市の小学校では、全国平均を下回っていた全国学力テストの成績が、短期間で県内上位3位にまで向上しました。

本書ではそうした事例を踏まえ、ＡＩ時代を生き抜く上でぜひとも身につけておきたい、「教科書を正確に読み解く力」を育むメソッドも紹介します。

人は自分の経験から物事を解釈しがちです。

50万人のデータを見ても、「読解力には読書ですよね」とおっしゃる方は減らないかもしれません。あるいは、逆に私が伝えようとしていることを「読書の効用を否定している」と受け止める方もいらっしゃるかもしれません。そこで、「教科書を読み解くために必要な読解力」のことを、一般的にイメージされている読解力とは明確に区別するために、「シン読解力」と名づけることにしました。

小学校では勉強もできてコミュニケーション能力も高くクラスの人気者だったのに、中学から、あるいは高校から急に落ちこぼれてしまう子が時々います。家庭や友人関係が原因だということもあるでしょうが、ある時点から急に勉強が苦手になってしまうというケースについては、「シン読解力」で説明できるかもしれません。

また、営業成績もよく社内でも評価されているのに、管理職になってデスクワークが多くなったとたん、精彩がなくなってしまうという大人も少なからずいるようです。それも原因が「シン読解力」にあるのかもしれません。
そうしたことについても本書では取り上げていこうと思います。

日本は、世界的な各種学力調査（TIMSSやPISA）で上位に位置する、教育熱心な先進国です。一部の地域で「進化論」を教えないこともあるアメリカなどとは異なり、日本では、全国の子どもたちが文部科学省の定めた「学習指導要領」に沿って書かれた検定教科書を使って学びます。そのような日本においても、教科書を読み解くことにつまずく子どもが（大人も）、大勢います。戦後70年以上教育改革を続けてきてもそうなのです。いったいそれはなぜなのか。「シン読解力」をキーワードに、本書でその謎を解き明かそうと思います。

本書は7章の本文と、巻末の「トレーニング&コラム」で構成されています。
まず、プロローグとして、第1章ではなぜ、今「シン読解力」が必要なのかを、AIの急速な進化との関係で明らかにします。劇的な進化を遂げているAIには可能性とともに限界があります。そのＡＩと競争するのではなく、使いこなすことが重要です。その前提として「シン読解力」が必要であることを示します。

第2章では、そもそも「シン読解力」とはなにかを説明します。教科書が読めない、つまり、本来「誰でも読めばわかるはずの文章」が読めないのはなぜか。その原因が「シン読解力」にあることを発見した経緯を示します。そして、「シン読解力」を測るためのテスト問題をお見せしながら、「シン読解力」はスキルであり、トレーニングによって身につけることができることをお話しします。また「シン読解力」が学力と強い相関関係にあることを示します。

第3章では、教育の現場から収集したデータをもとに、「シン読解力」で進学できる高校が決まってしまう現実や、大人になっても「シン読解力」が資格試験などの合格を左右する現実を、エビデンスによって示します。そして、「シン読解力」を養う教育手法が、これまで欠落していたことを示唆するデータを紹介します。

第4章では、「シン読解力」について考える上で、重要な事実に触れます。それは日本語の中に「生活言語」と「学習言語」が存在するということです。私たちは普段、「生活言語」を使って日常を過ごしています。小説などの物語も「生活言語」で書かれているからこそ、登場人物の心情に触れることができます。しかし、教科書に使われているのは

「生活言語」ではなく「学習言語」なのです。社会に出て目にするビジネス文書や公的な文書も、「生活言語」では書かれていません。ここに「シン読解力」を身につけなければならない理由があります。

では、「シン読解力」をどのようにして身につければいいのでしょうか。第5章では、教育現場での観察・分析から、「シン読解力」を身につけるための土台づくりを提案します。ここでは認知科学などの知見も活用しながら、習得方法の理論的な背景に触れます。

第6章では、「シン読解力」を習得するためのトレーニング方法について説明します。教育現場におられる先生方に向けた内容ですが、お子さんの教育に悩む親御さんにも参考にしていただけると思います。そして、適切なトレーニングによって「シン読解力」が身につき、学力が向上した自治体の事例を紹介します。

ここまでは子どもたちの例を中心に説明してきましたが、実は大人だって「読めていない」という残念な現実を示すのが第7章です。RSTを導入した企業のデータ分析から、衝撃的な事実を明らかにします。「読めない」、「書けない」が、日本の生産性を下げているのではないか、という問題提起として読んでいただければと思います。

巻末には特別編としてトレーニングパートを掲載しました。今、すぐにトレーニングを始められるように、参考書のような横書きにしましたので、実際に筆記用具を準備して使ってみてください。大人編と子ども編に分けてあります。

「シン読解力」とは、才能や感性ではなく、トレーニングによって身につけることができるスキルである――。それは私の信念です。

「問題を解く」、「知識として覚える」、「やる気を出す」といったところで差がつく前に、「読めない」で差がついてしまうとしたら、これを放置していいはずがありません。

みなさんがこの本によって「シン読解力」の存在を知り、習得することによって、AI時代にたくましく生きていかれることを心から願っています。

シン読解力

目次

第1章 チャットGPTの衝撃 17

第2章 「シン読解力」の発見 79

第3章 学校教育で「シン読解力」は伸びるのか？ 115

第4章

「学習言語」を解剖する

Training
and
Column

トレーニング&コラム

大人のためのトレーニング

子どものためのトレーニング

コラム

第1章

チャットGPTの衝撃

まずは、ＣｈａｔＧＰＴ（チャットＧＰＴ）のお話から始めましょうか。２０２２年11月の公開後、わずか2ヶ月でユーザーが世界で1億人を突破したほどの浸透力で、日本はアメリカ、インドに次ぐユーザーの多さだと言いますから、みなさんの中にもチャットＧＰＴを利用されている方は多いと思います。

それは、私にとっても衝撃でした。

私は、東大入試突破を目指す人工知能（通称「東ロボ」）の研究開発に、２０１１年から10年間、プロジェクトの責任者として携わってきました。その中で、「ここは無理だから手を出さないようにしよう」と決めていたことがいくつもありました。

「無理だから」というのは、未来永劫無理とか理論的に無理という意味ではありません。そこに注力したら、本丸である「大学入試の問題を解く」ことにたどり着く前にプロジェクトが頓挫してしまうことが明らかだったので、回避することにしたのです。

チャットＧＰＴが日本で解禁になってからというもの、私は各バージョンのチャットＧＰＴをさまざまな角度から試してきました。この歴史的瞬間を忘れないように、何百ものスクリーンショットも撮りました。そして、私が「東ロボ」で諦めてきたいくつものことが、やすやすと成し遂げられているのを目の当たりにしたのです。

ひとつはイラスト理解です。当時の東ロボは、英語の音声を9割近い精度で正しく聞き取ることができました。にもかかわらず、リスニングの入試問題では、正しい答えを導くことができませんでした。問題の大半がイラストから答えを選ぶというタイプのものだったからです。たとえば、次ページの問題です。

ネット上で話題になり、ニュースでも取り上げられたので、このキャラクターに見覚えのある方も少なくないかもしれません。それくらい、めったにお目にかからない「すっとんきょう」なイラストでした。

２０１０年代は、画像認識の精度が飛躍的に向上した10年でした。その中で、ＡＩの画像の認識精度は「平均的な人間の平均的なパフォーマンス」どころか、「優れた人間の平均的なパフォーマンス」を超えたと言われるようになりました。

たとえば、医療用のＣＴやＭＲＩ、核医学、レントゲン写真などの画像を見て、病気の有無や程度を診断する精度は、研修医レベルを超えたと言われます。

このような進歩は、ＡＩ研究の進展だけではなく、「教師データ」があってこそ達成されます。

図1-1 大学入試センター試験英語リスニング問題

2人が話し合っています（実際の問題では、以下、英語）。


「新しいアニメのキャラクターを考案しないと」

「そうだね。野菜なんてどうかな」

「悪くない。でも、より強い印象を与えるために翼をつけよう」

「いいアイデアだね」


この会話の結果できたキャラクターを次の4つから選びなさい。

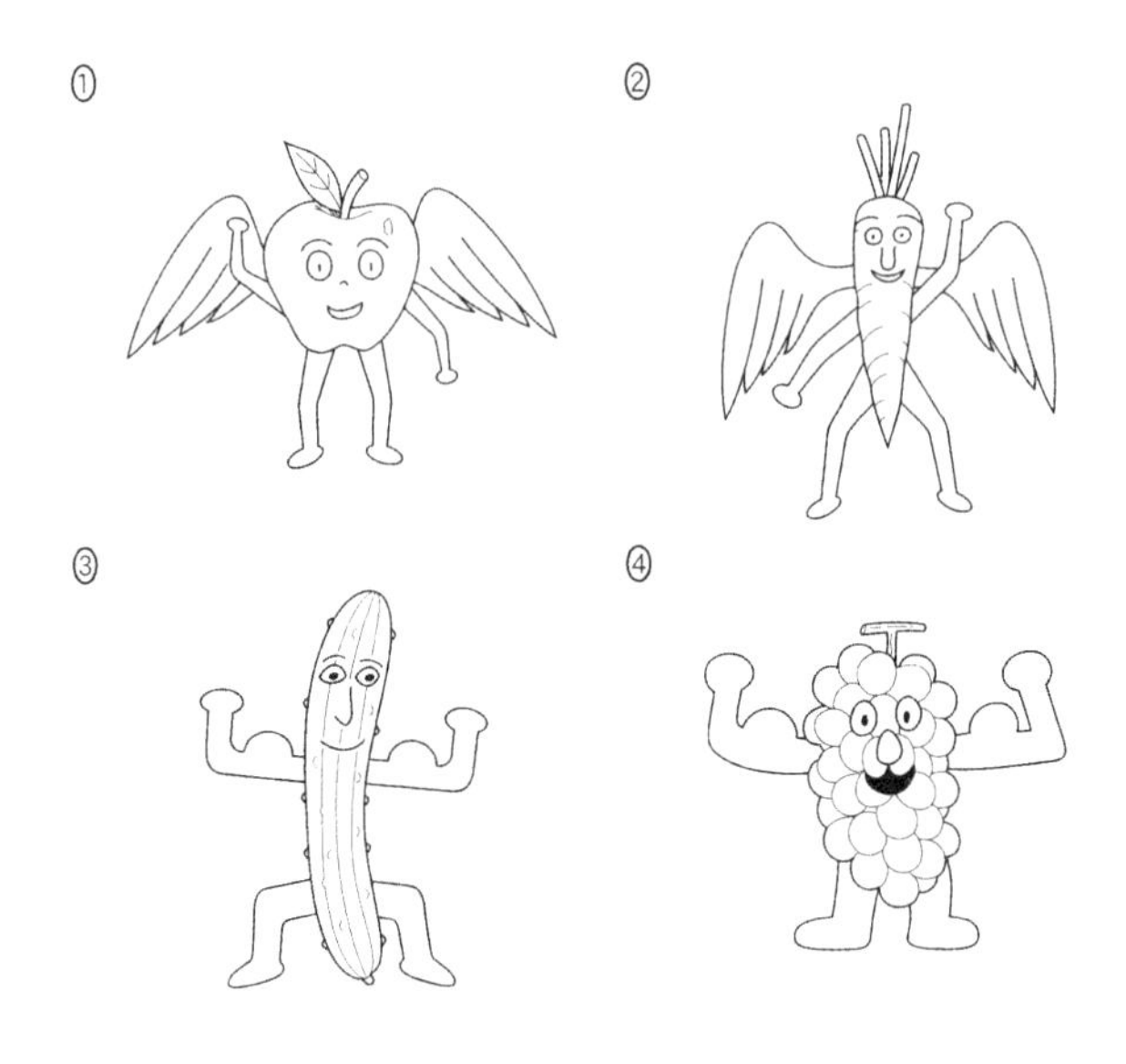

（出典）2019年度 大学入試センター試験

「教師データ」とは、文字通り、ＡＩの先生役となるデータのことです。たとえば、写真とそこに写っているものの名称のペア（例：りんごが写った写真と、「りんご」という名称）をたくさん集めたものが教師データになります。ＭＲＩなら、画像とプロによる読影結果のペアを集めたものが教師データになります。これを「学習」させてＡＩのモデルを作ります。人間の判断をまねることで、精度を上げていくのです。

ですから、ＡＩの精度向上のカギとなるのは教師データの質と量、さらにその膨大なデータを学習するための計算資源、つまり「コンピューターの性能と台数」です。医療現場では、放射線科医の不足に常に悩まされていますから、ＡＩを開発するインセンティブが医師の側にも、医療機器メーカーにも、ＡＩ研究者にもあるので、莫大な投資が行われてきました。つまり、画像認識の精度向上は経済学的に「自然」なことだったのです。

でも、イラストを「読画」してテキスト化するインセンティブが、いったい誰にあるというのでしょう。

先ほどのリスニングの問題を正答するには、まず、この４つのキャラクターがそれぞれ「りんご」、「にんじん」、「きゅうり」、「ぶどう」を基にしていることを認識した上で、野菜か果物かを判断し、それらに翼が生えているかどうかを区別しなければなりません。

２０１０年代の私は「そんなの絶対無理。そんな教師データを数十万規模で構築しようという酔狂な人がいるわけがない。いたとしても誰も資金提供しない」と思っていました。

……でも、いたんですね。

2024年5月に公開されたチャットGPT-4oはこの問題をさらっと解いてみせました。しかも、こんな解説つきで。

「会話の内容に基づくと、新しいアニメキャラクターとして野菜を提案し、そのキャラクターに飛ぶための翼をつけるというアイデアが出されました。したがって、翼を持つ野菜のキャラクターが正しい答えです。添付された図の中で、野菜（キャロット）であり、かつ翼を持っているキャラクターは、選択肢の②番です」

あ然、ぼう然。

本当にすごいと思いました。

実は私たちがあきらめていた別のあることも、チャットGPT-4oはこの答案でやってのけました。それは、問題文中に埋められている丸数字の①や②とか、1や一のように四角の中に記された数字の意味を、正しく認識させることです。

「え、そんなこと？　スキャナーで読み取れば簡単だったのでは？」と思った方もおられることでしょう。
２０１０年頃には紙の文書をスキャナーで読み込み、書かれている文字を認識してデジタル化するＯＣＲ技術の精度は99・９％に達していました。ただ、99・９％という数字は、テキスト、つまり文字だけで構成された小説のような文書を与えたときの精度でした。グラフや表、数式まじり、あるいは空欄に数字が入った表記などは想定されていませんでした。

実際にセンター試験の問題を当時最新のＯＣＲにかけたところ、四を「國」などと誤認識するのを見て、私たちはがっかりしてしまい、ＡＩに試験問題を「見せて」解かせることをあきらめました。画像認識の精度向上から始めていては、すべての資源を投入しても、入試問題を解くところまでたどり着けないことが明らかだったからです。

そこで、「問題を解く」という本丸のタスク以外でコンピューターがつまずかないよう「補助輪」をつけることにしました。

たとえば「①次の文を読みなさい。」という文章の場合は、

〈問題番号始まり〉①〈問題番号終わり〉

〈問題設定始まり〉次の文を読みなさい。〈問題設定終わり〉

というようにＡＩのつまずきそうなところをあらかじめ取り除いておくのです。このような処理をアノテーションと言います。東ロボはこのような「人間による補助輪」があって初めてまともに動いたのです。

靴下やおもちゃが床に散乱していると、お掃除ロボットはスムーズに掃除できませんよね。人間が環境を整えてやらないと、ＡＩやロボットは赤子どころか猫未満の能力しか出せないというのは、ＡＩ・ロボット研究者の間では常識です。

アノテーションの設計には、ＡＩの可能性と限界に関する専門的な知識が不可欠ですし、ＡＩがつまずきそうな箇所を正確に把握する判断力と、設計漏れがないよう細心の注意を払う辛抱強さも求められます。アノテーションの設計は、最後までＡＩに取って代わられることのない人間に残される仕事のひとつだと私は思っていました（今でもそう思っています）。一方で、それがハードルとなり、ＡＩを「一部の人だけが使う技術」にとどめてきたとも言えるでしょう。

ところが、なんと、チャットＧＰＴ-４ｏときたら、野菜に翼が生えているすっとんきょうなキャラクターがどれかを解答する先ほどの問題に、あっさりと前述のように答えを出しました。何が問われているかを把握し、選択肢のイラストの左上についている①、②、③、④という記号が何を指しているかを判断し、その上で、にんじんが翼をつけているイラストの選択肢番号②を選んで答えたのです。

東ロボはＡＩの能力を測るために、ＡＩが東京大学入試を突破できるかを試すプロジェクトでした。当時のＡＩはアノテーションなしには動きませんでしたから、過去20年分の大学入試や模試の問題にアノテーションを施したものを準備し、研究者に提供することも、東ロボプロジェクトの重要な役割でした。それがいまや共通テストや東京大学の入試問題を入手し、問題の写真を撮り、チャットＧＰＴ－４ｏに放り込めば、現状のＡＩが、あるいは近未来のＡＩが、東大に合格するレベルになっているかどうかを誰でも知ることができます。そこにかかるコストは、チャットＧＰＴに支払う月数千円の利用料だけ。チャットＧＰＴが「ＡＩの民主化」と言われるのも当然です。「東ロボの役割は、本当に終わった」と私は思いました。

チャットＧＰＴは東大に入れるか？

チャットＧＰＴは「生成ＡＩ」と呼ばれるＡＩのひとつです。生成ＡＩは、プロンプト

（多くはテキストで入力する指令）に応答して、テキスト（文章）や画像、音楽、コンピュータープログラムなどを生成してくれるＡＩです。チャットＧＰＴのような対話型生成ＡＩには、ほかにもマイクロソフトエッジに標準装備されている「copilot（コパイロット）」やグーグルの「Gemini（ジェミニ）」、米Anthropic社の「Claude（クロード）」などがあります。

チャットＧＰＴを作ったのは、ユダヤ系アメリカ人のサミュエル・Ｈ・アルトマンさんが率いるＯｐｅｎＡＩ（オープンＡＩ）という組織です。アルトマンさんらは、まずグーグルの研究グループが開発した「トランスフォーマー」と呼ばれる技術を活用して、大規模言語モデル「ＧＰＴ」を作りました。ＧＰＴは「Generative Pre-trained Transformer」の略で、直訳すると「生成的な事前学習済みのトランスフォーマー」という意味です。

最初に公開されたのは２０１８年のことです。その後、ＧＰＴは性能を向上させ続け、ＧＰＴ-２、ＧＰＴ-３へと進化しました。ただし、オープンＡＩがＧＰＴの情報を公開したのはここまで。その後は「クローズド（中身がわからない）ＡＩ」になりました。

そして、ＧＰＴ-３・５のインターフェースをチャット（対話型）にしたのがチャットＧＰＴ-３・５です。リリースは２０２２年11月で、翌年にはさらにバージョンアップしたチャットＧＰＴ-４が公開されました。

バージョンアップされるたびにチャットＧＰＴは格段に賢くなっています。ＧＰＴ-

3・5以前はテキストデータにしか対応していませんでしたが、GPT-4は画像データにも対応しています。そして2024年5月、ラテン語の「すべて」を意味する「オムニ(omni)」を冠したチャットGPT-4oがリリースされました。こちらは、音声・画像・テキストのあらゆる組み合わせも入力として受け付けます。だからこそ、共通テストのリスニングを聞き、答えの選択肢のイラストを見て、そこに書かれた指示文を画像から読んで、答えることができるのです。

チャットGPTの進化ぶりには驚かされるばかりですが、では、チャットGPTはじめ生成AIは、いよいよ東大に入れるAIになったのでしょうか？

2024年1月に、ノート（note）というメディアプラットフォームに、興味深い記事が投稿されました。創業1年目のAI導入コンサルティング会社「LifePrompt（ライフプロンプト）」が、さまざまな生成AIに共通テストを解かせてみた結果を紹介する記事です。受験（実験）にはチャットGPT-4のほか、グーグルの「バード（Bard、2024年2月、ジェミニに名称変更）」と、オープンAIの元メンバーが設立したスタートアップ企業の「クロード2」も参加しました。いずれも対話型生成AIです。

結果は表1-1をご覧ください。正答率は国語62％、英語（リーディング）87％、数学I

A35％、数学ⅡB46％、世界史88％、日本史68％、理科基礎88％でした。

参考までに2016年に東ロボがセンター試験のベネッセ模試を受験した結果（ただし、理科は「物理」）と、2019年に英語チームが達成した英語の得点が表1－2です。東ロボが挑戦したセンター試験とは大きく傾向が異なりますから、単純比較はできませんが、チャットGPT－4と東ロボの成績はそこまで開きがありません。

「理科基礎」は共通テストとともに導入された科目で、文系向けとされています。物理に比べて暗記科目の色彩が濃いところが勝因でしょうか。数学はむしろ東ロボのほうが勝っています。「東ロボ」の母としては誇らしさもありますが、東大受験突破のために作ら

表1－1　チャットGPT－4の共通テストの正答率

国語	英語	数学IA	数学IIB	世界史	日本史	理科基礎
62%	87%	35%	46%	88%	68%	88%

（注）英語の得点にはリスニングは含まない。
（出典）ライフプロンプト「【2024年最新】共通テストを色んな生成ＡＩに解かせてみた」よりチャットＧＰＴ-4の正答率を抜粋

表1－2　東ロボのセンター試験（模試）の正答率

国語	英語	数学IA	数学IIB	世界史	日本史	物理
48%	92%	70%	59%	77%	52%	62%

（注）2016年のベネッセのセンター試験模試（英語のみ2019年のセンター本試験。英語の得点にはリスニングは含まない）。

れた東ロボに、対話型生成ＡＩのチャットＧＰＴが肩を並べるところまで追いついたわけです。

東大の本試験のほうはどうでしょう。

同じことに興味を持った日本経済新聞が、ライフプロンプトと駿台予備校の協力を得て、２０２４年の東大入試（文系）を解かせてみる、という企画を考え、そのコメント役として私を招いてくれました。二つ返事で私は出かけていきました。

チャットＧＰＴの成績は表１―３のようになりました。

２０１６年に東ロボがチャレンジできなかった英語の得点にまず目を奪われました。

表1-3　チャットGPT-4の2024年東大入試の得点（カッコ内は満点）

英語	国語	数学	世界史	地理
106（120）	53（120）	1（80）	33（60）	22（60）

表1-4　東ロボの2016年東大模試（代ゼミ）の得点（カッコ内は満点）

英語	国語	数学	世界史	地理
＼	＼	80（120）	62（100）	＼

120点中106点、正答率88・3%です。国語の53点に比べると圧倒的に高いですね。チャットGPTはアメリカで開発されたので、英語には強く日本語には弱いのでしょうか。

話はそれほど単純ではありません。なぜなら、日本の大学入試で問われる英語は、本場の英語とは異質の「第二言語として学ぶ英語」だからです。東ロボでは、本場の英語と「第二言語として学ぶ英語」の差に散々苦しめられました。

ただし、英語を第二言語として学ぶ人々は、英語を母語とする人の10倍以上います。中国人や韓国人をはじめとするアジアの国々の人々がそうです。そして、彼らの教育プログラムやテストの内容は、日本とよく似ています。

2017年、カーネギーメロン大学の自然言語処理チームはRACEというデータセットを公開しました。[1] RACEは中国の中高生を対象とした英語試験から収集された大問2万8000と約10万問の小問から構成されているデータベースです。かつて東ロボにもこれを学習させた途端、英語の成績が爆上がりしました。つまり、「第二言語として学ぶ英語」のデータと比べても、古文や漢文が配点の半分を占める国語のデータは圧倒的に不足していたのでしょう。教師データの規模の違いが、英語と国語の成績の差になったと考えていいと思います。

さて、チャットGPTに対する駿台予備校の評価は、(共通テストの得点も考慮した上で)

東大合格まで30点足りない、というものだったそうです。惜しい！

それでも、ＡＩが東大に合格する日が「近いうちに来る」というのが今の私の実感です。ついこの間までは「近いうち」と予想するのは時期尚早だと思っていましたが、チャットＧＰＴ-４の実力を知って考えを変えました。

当初、計算や論理に弱いと言われていたチャットＧＰＴですが、改良が重ねられ、今では、数学オリンピック予選の問題の８割に正解するとか、アメリカの数学科の博士課程の学生並みに問題を解けるというようなレベルに達したようです。英語と数学がそこまでできるなら、そしてイラスト理解すらできてしまうなら、東大合格ラインは早々に超えてくるだろうと思います。

「新三種の神器」を研究者はもう手放せない

いまやＡＩは国際的に活動する研究者にとって欠かせない存在です。

研究者の間には、「三種の神器」というスラングがあります。英語を母語としない研究

—（１） https://arxiv.org/abs/1704.04683

者が、英語論文を書く上で欠かせない3つのAIを指す言葉です。英語で論文を書くのは骨が折れますが、神器を使えば効率が飛躍的に上がります。時期や分野によって「三種」のラインナップは変わったりもしますが、「DeepL（ディープL）」と「Grammarly（グラマリー）」の2つは外せないというのが研究者の一致した見方でしょう。

ディープLはドイツに本拠地を置く会社が提供している機械翻訳ソフトで、グラマリーはウクライナのキーウ発祥で、今はアメリカに本拠地を置く多国籍企業が開発したソフトです。グラマリーは、「日本人が辞書をひきひき、がんばって作った英語（あるいはディープLが出力したやや不自然な英語）を文法の誤りなく自然な英語にブラッシュアップしてくれる」、いわば英文添削ソフトのようなものです。

たとえば、「インターネット『で』」を英語にするとき、『で』に当たる前置詞が「on」なのか「in」なのか迷う必要はありません。冠詞の「the」をつけるべきか悩む必要もありません。とりあえず書けば、すぐにグラマリーが修正してくれるからです。それほど優れた添削ソフトです。

そこに満を持して登場したのが、チャットGPTです。

ディープLとグラマリーを使って英語論文を作成するには、「元原稿を日本語で作成」→「ディープLを使いつつ英訳」→「グラマリーに入れてブラッシュアップ」という手順になりますから、研究者はまず元原稿を用意する必要があります。

ところが、チャットGPTを使うと、この「元原稿を用意する」という大本の作業さえ、効率化してくれるのです。もちろん、アイデアや研究データは研究者本人が準備し、論文のあらすじも自分で考えます。逆に言うと、そこまですれば、あとはチャットGPTと日本語と英語でチャンポンで対話しながら、論文の筋をブラッシュアップしていけばよいのです。

まず、チャットGPTに論文のアイデアとあらすじ、投稿する雑誌や発表する国際会議の名前を入力し、タイトル案を考えてもらいます。

「○○という国際会議で、××のアイデアの論文を△△といった筋書きで発表したいと思います。適当なタイトル案を示してください」

こんな感じで、チャットGPTにプロンプトを入力します。すると、すぐに、その国際会議に通すために西海岸のアメリカ人が考えそうなキャッチーなものから、おとなしめのものまで5種類くらいのタイトル候補を示してくれます。

「1番は鼻につくから、3番のタイトルにします」

と返答すると、次には、

「了解です。3番はこの国際会議にふさわしい適切なタイトルです。論文が採択されるよう、私にできることは何でもお手伝いします」

と応答してくれます。

「では次に、章立ての構成案を考えてもらえますか？　ページ数制限は8ページです」

と入力すれば、イントロからまとめまで、気の利いた標準的な構成案を考えてくれます。表やグラフのタイトルだって提案してくれるのです。

雑誌に論文を投稿するときにもチャットGPTは優秀な秘書役を果たしてくれます。編集者や査読者との煩雑で気を遣う英文でのメールのやりとりも9割方は任せられます。少なくとも私の周辺では、若手研究者だけでなく、分野で一目置かれる大御所までがグラマリーとチャットGPTの有償版を使って論文を書いています。たった1年半で、研究環境ががらりと変わったのです。

チャットGPTには、研究者を無駄な労力から解放し、研究の核心にだけ集中できる研究環境を整えてくれる可能性を感じます。それにより、研究者に時間の余裕が生まれ、イノベーションが加速するということになるかもしれません。この本が世に出る頃、英語論文を書く研究者ならば、三種の神器を使わない研究者はほとんどいないのではないかという気がします。ほかの研究者がそれらを使って生産性を上げているので、AIに否定的な考え方の人も使わざるを得ないのです。この波は、確実にビジネス界にも広がるでしょう。

東大入試突破を期待できるほど実力をつけたチャットGPT……。国際的に活動する研究者にとって不可欠になったチャットGPT……。ただし、チャットGPTには、大きな欠点があります。彼は平気でウソをつくのです。ちまたでは、これを「ハルシネーション」(AIの幻覚)などと言います。

チャットGPTは平気でウソをつく

東ロボの開発では、ほかにも諦めていたことがありますが、自然で流暢な文章の作成もそのひとつでした。

2010年代半ばのAI技術では、ニュースのまとめ記事を作成することすら、まだ遠い目標でした。ニュースを要約させると、主語がおかしくなり、原因と結果が逆になるということがよくありました。千字程度のニュースすらまとめられないのに、世界史の教科書に基づき、たとえばこのあと(38ページ)で紹介する「トルキスタンの歴史的な展開について記述せよ」というような問題に答えることなど期待できようはずがありません。

ですから、東ロボでは社会科は暗記科目と割り切り、教科書やウィキペディアを暗記し、問いに出現するキーワードや、論述の際に指定されるキーワードから最も近そうな内容を切り貼りして制限字数内に収めることだけに注力しました。

当然、解答文はいかにも機械が書いた不自然な文章になります。けれども、決して〝ウソ〟は書きません。それで部分点を積み上げて、合格圏内に達しようというのが、私たちの作戦でした。今だから白状しますが、そこには、「東大の先生をうならせるような答案を書ける受験生はごく一握り。そのほかの受験生は、東ロボレベルか、それ以下の論述しかできないに違いない」という、姑息な仮説がありました。

その仮説は当たらずとも遠からずでした。採点した大手予備校の代々木ゼミナールの先生から「知識をただ羅列すればよいわけではない」とお叱りを受けたものの、2016年、東ロボ世界史チームは表1－4にあるように東大模試世界史で62点、偏差値51・8を達成しました。東大を目指す受験生の上位5割には入ったということです。

それが、チャットGPTではどうでしょう。日本人と見分けがつかないほどの流暢な日本語を話すではないですか！　いったい何をどうすればこんなことができるの？　もしかして本当にシンギュラリティ（AIが人間を超える特異点）が到来するの⁇　とドキドキしました。

チャットGPT-3・5がリリースされて3ヶ月後の2023年2月のこと。私は東京大学で開催されたあるAI関連のパネルディスカッションに参加しました。一緒に登壇したのは、AI、脳科学、工学の各分野で日本を代表する専門家です。「若手三銃士」とでも呼びたくなるような気鋭の研究者たちが、私のようなアラ還を囲んでくださるというぜいたくな時間でした。

4人とも、公開されたばかりのチャットGPT-3・5に興奮状態で、チャットGPTを中心に話が進むことになりました。チャットGPTを含む「新三種の神器」は研究者の生産性を2倍以上に向上させるというのが、この日のパネルディスカッションに参加した4人の一致した意見でした。

その席上、私はちょっとした「いたずら」をしかけました。当日の話題のひとつとして、事前にチャットGPTに東大の入試問題を解かせておいたのです。選んだのは前年（2022年）の世界史の600字の論述問題です。実際の問題は長文のため当時のチャットGPT-3・5ではエラー表示が出てしまうので、次のように要約して解かせてみました。

問い　8世紀から19世紀までの時期におけるトルキスタンの歴史的な展開について記述

せよ。#600字以内　#次のキーワードをすべて使う。アンカラの戦い、カラハン朝、乾隆帝、宋、トルコ＝イスラーム文化、バーブル、ブハラ・ヒヴァ両ハン国、ホラズム朝

そして出力されたのが左の回答です。

トルキスタンの歴史は古代から深く根を張っており、8世紀から19世紀までの時期は特に重要な時期となります。それは、トルコ＝イスラーム文化が根付き、政治的な勢力が次々に変遷し、文化的な財産が蓄積される時期であったからです。

8世紀から12世紀にかけて、トルキスタンはカラハン朝によって統治されました。カラハン朝は、中国の宋朝との貿易関係を築き、文化的な交流が盛んになりました。この時期には、トルキスタンのアートや建築などが発展し、重要な文化的な財産が残されました。

13世紀に入り、トルキスタンはバーブルによって征服されました。バーブルはトルキスタンをイスラーム教徒として改宗させ、イスラーム文化を普及させました。しかし、トルキスタン人はイスラーム教徒としての地位を維持するために、トルキスタン文化

を維持し続けました。

14世紀から15世紀にかけては、ブハラ・ヒヴァ両ハン国がトルキスタンを統治しました。この時期は、トルキスタン文化が発展し、文学や芸術などが盛んになりました。

17世紀に入り、トルキスタンは中国の乾隆帝によって支配されました。乾隆帝はトルキスタンを中国の植民地として統治し、中国文化を導入しました。この時期には、中国文化トルキスタン文化が融合し、新しい文化的な財産が生まれました。


文字数制限はクリアしています。上手な文章とまでは言えませんが、主語述語のねじれなどは見られない、時系列に沿った、それなりに流暢な論述ではないでしょうか。

私は、要約した問題とチャットGPTの答案を用意して、3人にこう尋ねました。

「チャットGPTの答案をお読みになって、いかがですか。どんな点数が出ると思いますか？」

若手三銃士はこう反応しました。

「いや、すごいですね。これは満点でしょう」

チャットGPTの能力は絶賛されました。

ところが、この答案は日本語が流暢なだけで、間違いだらけだったのです。

この日のために、東ロボの開発の頃からおつき合いいただいている代々木ゼミナールにお願いして、この答案を世界史の先生に事前に採点してもらっていました。結果はなんと、0点です。部分点すらひとつもつきませんでした。

以下、代ゼミの先生からいただいたコメントです。

チャットGPT（くん?）の解答を採点してみました。驚きました。0点です。得点を与えられる箇所がありません。

一見すると日本語がそれなりに自然で、それっぽい答案になっていますが、よくよく読んでみると、史実の指摘がありません。ほら吹きです。

特筆すべき点は、記載されている「〇世紀」がすべて間違っていることです。一例を挙げると、3段落目の冒頭に「13世紀に入り、トルキスタンはバーブルによって征服されました」とありますが、バーブルは16世紀の人物です。

ついでにバーブルが征服したのは北インドですので、事実自体も間違っています。

さらに言えば、問題で8つの指定語句を必ず使うことを命じられているにもかかわらず、6つしか使っていません。2つ書き落としています。

東ロボ君は日本語が不自然でしたが、史実は正確に記述できていました。指定語句もすべて使っていました。これほど正反対の結果になったのは興味深いと思います。

お三方とも、ご自身の分野ならば、チャットGPTの答案の誤りを指摘できたに違いありません。しかし、誰もが認める気鋭のトップ研究者ですら、ご自身の専門から離れている話題となると、チャットGPTに見事だまされてしまったのです。

2023年5月、米ニューヨーク州の弁護士が審理中の民事訴訟で資料作成にチャットGPTを利用した結果、存在しない架空の判例を引用してしまい、罰金の支払いを命じられました。高い知性の持ち主であっても、よほど注意をしないと、チャットGPTの流暢な言葉に目をくらまされてまんまとだまされてしまう――これが、チャットGPTのおそろしいところなのです。

ちょうどその頃、チャットGPTに遅れてはならじと、グーグルも対話型AI「バード」のリリースを準備していました。公開されたデモではこんなやりとりが紹介されていました。

問　ジェームズ・ウェッブ宇宙望遠鏡（JWST）による新発見の中で、9歳の子どもに教えられることは何？

答　ＪＷＳＴは、太陽系外の惑星の写真を初めて撮影しました。

このデモが公開されるとすぐに、カリフォルニア大学天文台所長で天文学者のブルース・マッキントッシュ博士が、「事実と違う」とＳＮＳで指摘しました。博士はジェームズ・ウェッブ宇宙望遠鏡の打ち上げの14年前に太陽系外惑星の画像を捉えることに成功していたのです。グーグルは、株価の大暴落という憂き目に遭います。

これほど重要なプレスリリースにもかかわらず、誰も事実確認をしなかったことに驚かされますが、これもＡＩの陥穽です。ちょっとググってみさえすれば誤りがあるかどうかわかったはずなのに、誰も事実確認をしなかったのです。しかも、その約１ヶ月後に、グーグルは同じ轍を踏みます。スンダー・ピチャイＣＥＯによる「バード」のデモに、またもや誤りがあったのです。株価は再び暴落しました。

どうやら人間は、流暢に文章を操れる者（モノ）に対して、無批判・無防備になってしまうようです。投資詐欺にひっかかる人が後を絶たないのも、自信満々な語り口と専門用語、もっともらしいグラフ、有名投資家や経済学者の写真などに幻惑されて、つい無批判・無防備になってしまうからでしょう。

いくら専門家が「生成ＡＩは平気でウソをつく」と警告しても、警告している本人たちまでその罠に陥るくらいですから、強敵です。チャットＧＰＴの画面には、答えの内容が事実であるとは限らないと、ちゃんと注意書きが記されていますが、「生成ＡＩを信じないで！」というのは、タバコのパッケージに「あなたの健康を損なうおそれがありますので吸いすぎに注意しましょう」と書くよりも効果が低そうです。

けれども、ここでチャットＧＰＴの名誉のために弁明しておかなければなりません。チャットＧＰＴが「平気でウソをつく」のは欠点ではあっても、欠陥ではないのです。

そもそも、チャットＧＰＴはユーザーの質問に答え、正確な情報を提供することを目指して開発されたわけではありません。チャットＧＰＴが目指しているのは、正しい情報を基にした文章を生成することではなく、あたかも人間が話したり作文したりしているかのような「自然な言語生成」です。結果的に正しいことを答えてくれるケースもありますが、それはいわば副産物のようなものです。ですから、チャットＧＰＴにしてみれば「この、ウソつき！」と批判されても、「そんなこと言われたって……」と困惑せざるを得ないのではないかと思います。

チャットＧＰＴあるいは生成ＡＩ全般の擁護をするわけではないのですが、彼らはほかのＡＩ同様に、あることを目標に最適化されただけなのです。その目標とは、ＡＩ研究者が長らく目指していた「流暢に言語を操る」ことでした。

ただ、そのために諦めざるを得なかったことがありました。

それが「正しさ」なのです。

ＡＩはなぜ「完璧」になれないか？

チャットＧＰＴは驚異的な能力を持つ一方で、平気でウソをつくという欠点があります。その能力と欠点については百家争鳴で、これまでずいぶんとメディアやネットを賑わせました。

反応は「懐疑派」と「肯定派」の主に2つに分かれました。懐疑派の代表的な反応は「平気でウソをつくなんて、やっぱりＡＩは役に立たない」と突き放すもので、肯定派は「欠点を挙げればきりはないが、技術の進歩でやがて克服されるだろう」と期待します。

私は、どちらとも意見が違います。

ＡＩが東大入試を突破する日がそう遠くないように、ＡＩは使いようによって非常に役に立ちます。かと言ってＡＩの欠点が技術の進歩ですべて克服されるとは思えません。少なくとも、現在のＡＩ技術の延長線上では、ＡＩが欠点を克服し、「完璧」になることはあり得ないからです。

ＡＩもソフトウェアの一種です。ソフトウェアというのは、すべてコンピューターの上で動作します。そして、コンピューターはその名のとおり「計算機」です。ですから、ＡＩがしているのは計算です。それが、時として、理解や創造性や発想力に見えようとも、あるいは悪意に見えようとも、それは計算でしかありません。計算では、数値を入力し、数値を出力します。それが、画像に見えても、文章に見えても、それは、数値を別のソフトウェアで変換した結果です。

みなさんが、計算というと思い浮かぶのはなんですか。四則演算ですよね。足し算、引き算、かけ算、そして割り算です。割り算の筆算が苦手だったという方も少なくないでしょう。私もそのひとりです。でもご安心ください。計算機も割り算はちょっと苦手です。基本、足し算とかけ算だけを使ってＡＩを作りたい、というのが研究者の偽らざる気持ちです。

そういう研究者に希望を与える理論が１９８０年代に「再発見」されました。それが「ニューラルネットワーク」です。「ニューラルネットワーク」の開発に貢献のあったプリンストン大学のホップフィールド教授、トロント大学のヒントン教授は2024年のノーベル物理学賞を受賞しました（「ニューラルネットワーク」については、巻末にコラムで詳細に解説したので関心のある方はぜひお読みください）。

この「ニューラルネットワーク」を使って、精度の高い生成AIを作る方法が「深層学習（ディープラーニング）」です。それはどんな「学習」なのでしょうか。

人工知能の「学習」には、おおまかに2種類あります。ひとつは、人間によるお手本を大量に用意し、人間と同じように出力できるように訓練する方法です。これを「教師あり学習」と言います。

もうひとつは、AIにあれこれ自由に試させて、ある指標を最大化するように自動調整を繰り返させる方法です。これを「強化学習」と言います。

後者の「強化学習」は、はっきりとした「指標」を設定できるものに使います。たとえば、チェスや将棋、囲碁などのボードゲームです。ルールと勝敗が明確なので、強化学習に向いています。強化学習では、優れた人間のパフォーマンスを上回ることがあります。囲碁や将棋のプロをAIが負かすことができるのはそのためです。

一方、「何を目指せば正解か」が明確ではない場合は、人間をお手本にして学習することになります。このお手本のことを「教師データ」（あるいは学習データ）と呼びます。ニユースでは単に「ＡＩが学習し」と書いてあるので、ＡＩが人間のように学習していく様子を想像される方も多いでしょう。

それは違います。教師データとは、通常、入力と出力の対（ペア）になったものです。画像認識では、写真とそれに写っているモノの名称（あるいは分類）のペア、音声認識では、音声データとその文字起こしのペア、機械翻訳では、英語の文章とその日本語訳のペアのように一組のセットになっていなければなりません。このような教師データは、全部を学習に使うわけではなく、検証（テスト）のために一部を取っておきます。教師データには使っていない、ＡＩにとっては未知のテストデータで検証した際の正答率が、そのＡＩの精度となります。正答率１００％に近くなれば精度の高いＡＩができたことになります。

最初から入力と出力の「ペア」になっているデータが大量にあれば、比較的低コストで精度の高いＡＩを作ることができます。たとえば、工場での不良部品判定を考えてみましょう。ここには、すでにラインがあって、不良品を判断する人がいます。ということは、部品をどの方向からも撮影できるカメラをラインに設置し、不良品と判断された場合に、その画像に「不良品」というラベルをつけるようにすれば、「画像」を「良」と「不良」のそれぞれとペアにした教師データを半自動で蓄積することができます。この「検品ＡＩ」はきっと役立つことでしょう。

ただし、このような都合のよい教師データが転がっていることは滅多にありません。教師あり学習の場合は、まず「教師データをどう設計し、どう集めてくるか」という大問題を解かなければいけません。頭が痛いのは、「解決したい課題のための教師データが得られるとは限らない」ということです。

ＡＩに潜む「外れ値の罠」

ＡＩが「そろそろ東大に入ってもおかしくない」と言いつつ、その一方で私は、政治や教育をＡＩが代替する日は来ないと思っていますし、「制限なしの完全自動運転（レベル5）が実現する気はしない」とずっと言い続けています。

こう言うと多くの方から、「なぜですか？　東大に入ってもおかしくないのに、なぜ政治をＡＩに任せられないんですか？」と不思議がられたり、「科学技術は日進月歩。なぜ自動運転を否定するのですか？」とたしなめられたりします。

そう言われても私の信念は揺るぎません。

理由は2つあります。ひとつは、教師データの圧倒的な不足です。

チャットＧＰＴが登場したとき、「もう政治などはＡＩに任せてしまえばいい」という言説をよく見かけました。政治に失望している人が多いからでしょう。ですが、「政治をするＡＩ」を作ろうと真面目に考えたとき、何を教師データにすればよいのでしょうか。政治に失望しているのならば、これまでの政治家を教師データにするなんて真っ平ごめんでしょう。だったら、ＡＩに何を学習させればよいのでしょう。

「政治ＡＩ」を作ろうと思っても、そもそも教師データがありません。教師データになり得るような、誰もが納得する理想の政治モデルというものがあるのだとしたら教えて欲しいものです。

政治以外にも、子育てＡＩ、介護ＡＩ、家事ＡＩなどは、どれも教師データの設計が難しすぎて、何から着手すればよいかわからない領域でしょう。

完全自動運転については、ＡＩに政治を任せる話とは異なる理由があります。

自動車の運転は、基本的にハンドルとブレーキ、アクセルの操作に集約されますから、出力の形式は決まっています。学習はしやすそうです。実際、サーキットを自動運転車が高速でぶっ飛ばすところまでは、比較的簡単でした。

その先に待ち受ける困難を、私は「外れ値の罠」と呼んでいます。

「外れ値」とは何か？

「外れ値」を簡単なモデルで説明しましょう。

図1−2は、統計学で最もよく使われる「正規分布」のグラフです。学力の偏差値の分布を示すものとして、みなさんも目にする機会が多いのではないでしょうか。キリンの首の長さとか、中学2年生の男子の身長とか、たくさんの学生が受験するテストの点数などの分布は、たいていこの正規分布に従います。特に、工学的な現象は正規分布に従うことが多いので、工学では、（つまりAIでも）よく使われます。

正規分布は、全体の平均と、最小と最大の両側から数えた真ん中の値（中央値）と、同じ数値が最も多く集まる値（最頻値）がすべて一致している、左右対称の分布です。

正規分布を説明するとき、ふつうは「標準偏差」を単位として使うのですが、ここではみなさんにもなじみ深い「偏差値」で説明します。

正規分布では全体の約68％が偏差値40から60の間に収まります。そして、偏差値30から偏差値70の間で95％がカバーされ、偏差値20と偏差値80の間で99・7％が収まります。ただし、「今、全体のデータの何％を取得できたか」を知る方法はありません。「全体」をそもそも知る方法がないからです。

どんなにがんばってデータを集めても、ふつうは偏差値30から偏差値70あたりのデータを入手するのがやっとで、そこから外れる領域のデータはめったに手に入りません。

偏差値20から80の間に入らない0・3％のデータを集めるとなると絶望的です。もしデータが得られたとしても「外れ値」はニューラルネットワークで学習する際、無視されやすくなります。なぜなら、めったに発生しない「外れ値」に固執して無理な対策をすると、全体の精度が下がってしまうからです。となると、ある「失敗」の発生を教師データに追加し再学習しようとしても、その失敗が「外れ値」で起きているなら、失敗から学べないという事態が生じるのです。

図1-2　正規分布のグラフ（偏差値）

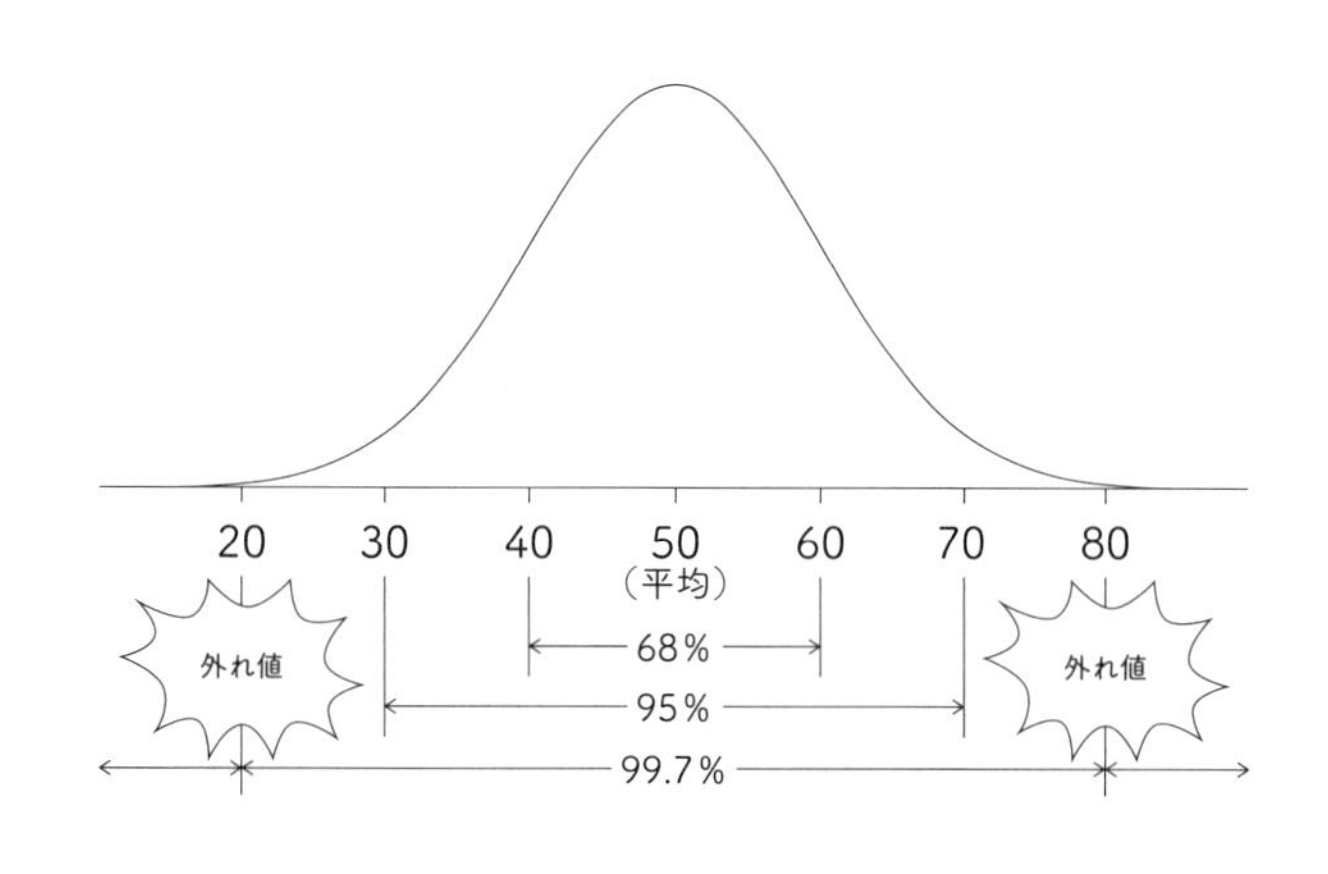

現状のＡＩは「意味」を理解しているわけではありません。人間がしているような学習はしていませんから。いわば意味を理解しているかのように振る舞うために、膨大な教師データ上の統計と確率で代替しているに過ぎないのです。それがＡＩの最大の優位性でもあり、また弱点だとも言えるでしょう。人間は少ない経験から意味と文脈で判断するので、思い込みによる誤りに陥りやすい。一方、ＡＩは意味を理解せず、膨大な情報上の統計から判断するので、「外れ値の罠」に陥りやすい、と言えます。

これが、「東大にはそろそろ合格してもおかしくないが、自動運転は難しい」と私が考える理由です。満点を取らなくても東大には合格できます。共通テストで8割、東大の本試験で7割正解すれば、入学できるでしょう。しかも、誤答でどれだけ馬鹿げたことを書いても、それを理由に不合格にされることはありません。たとえば、数学オリンピックの予選問題で83％の正答率、全米上位５００位までに入ったとされるチャットGPT－o1は、こんな誤りをしでかします。

問　「9・11」と「9・9」はどちらが大きいですか。

答　「9・11」と「9・9」では、9・11の方が大きいです。

理由
・9・11は、小数部分が0・11なので、9＋0・11＝9・11となります。
・9・9は、小数部分が0・9なので、9＋0・9＝9・9となります。
・数値的に比較すると、9・9よりも9・11の方が大きな値です。したがって、9・11は9・9よりも大きい数です。

もちろん、9・9のほうが9・11より大きいですから誤りです。けれども、こんな初歩的な誤りを答案に書いたという理由だけで不合格になることはありません。

しかし、自動運転はどうでしょう。万が一にも事故を起こしてはいけません。特に、人間ならば回避できたはずの馬鹿げた事故を起こすと大問題になるはずです。

2023年は自動運転受難の年でした。10月2日夜、ゼネラル・モーターズ傘下で自動運転タクシーを展開するクルーズの車両が米カリフォルニア州サンフランシスコのダウンタウンにおいて、ほかの車両にひき逃げされた女性をさらにひくという事故が起きました。その直後、福井県永平寺町では、レベル4の自動運転車が、人が乗っていない自転車と接触する事故を起こし、実証実験の中断を余儀なくされました。

自動運転車の事故の中で、私は特に、クルーズの車が「ほかの車両にひき逃げされた女性をひいた事故」と、2016年、自動運転モードで米フロリダ州のハイウェイを走行していたテスラの電気自動車が大型トレーラーに衝突し、ドライバーが死亡した事故に注目しています。後者の事故は、テスラによる分析の結果、日差しの強さやトレーラーの白い色が要因となり、自動運転のシステム側がトレーラーを「物体」として認識できなかったことが原因と結論づけられました。

「日差しが強すぎて、白いトレーラーを物体として認識できなかった」などという奇妙な事故は、「外れ値」で起きます。そして、たった1回の事故が、企業の評判を落とし、ブランドを傷つけ、株価を下げます。しかも悪いことに、ニューラルネットワークが起こした事故は、真の解明が難しく、修正できるかどうかもわかりません。これを「説明不能性」と言います。説明可能なニューラルネットワークモデルに関する研究が必要だということに異論を唱えるＡＩ研究者はいませんが、どうすればそれを実現できるか、明確なビジョンを持っている人はいません。

「外れ値の罠」は教師データを増やせばいつかは完全解決できる、というものではありません。確率と統計に依存する限り、どうやっても「外れ値」は残り続けるのです。しかも、「外れ値」対応は、金食い虫です。めったにない「外れ値」で失敗しないために、途方もない教師データを新たに取得する必要があります。そのイタチごっこは決して終わりません。

これからの企業には、「どのポイントでAIを使うか」、「何を人間に任せるか」を的確に判断する力が求められます。その境界ギリギリを正しく見極めた企業は成長し、臆病な企業は生産性が上がらずに退場し、逆に無謀なAI化をする企業は投資を回収できないか、「外れ値の罠」にはまって企業価値を毀損することになる、と私は予想しています。

これが、私がレベル5の自動運転に、（少なくともニューラルネットワークを使って、日本のビッグメーカーが）手を出すのは難しいと考える理由です。

そして完全自動運転のほかにも、ほぼ100%の精度が求められている仕事はたくさんあります。

香川県の三豊市は2023年、チャットGPTを活用した「ごみ出し案内」のサービスの実証実験を行い、詳細な分析の結果、導入の見送りを決定しました。市民からのごみ出しに関する問い合わせに、AIが24時間自動応答するというサービスで、市民サービスの向上と業務効率化、労働負荷の軽減が目的でした。

実証実験は6月1日からの1ヶ月余と、10月後半からの同じ期間の2度、実施されました。情報収集を目的として実施した1回目の実証実験の正答率は62・5%で、とても市民サービスに使える水準ではありませんでした。しかし、システムをチャットGPT－3・5からチャットGPT－4にバージョンアップし、一問一答形式から対話式に変更、推測機能の追加などの改善を施して、本格導入の可否を判断するために実施した2度目の実証実験では、正答率は94・1%にまで向上しました。

しかし、三豊市は本格導入を見送ったのです[2]。94・1%は一見すると十分に高い精度に見えますが、冷静に考えると、20件に1件は誤った情報提供をする可能性があるという精度です。たぶん、その20件中の1件は、「不燃ごみは何曜日に出せばいいですか？」のような単純なものではなく、人間でも時間をかけて調べないと解決策が見つからないようなタイプの「外れ値」の課題なのでしょう。AIが「知ったかぶり」で誤った回答をし、それに従って市民がごみ出しをしたら、大きなトラブルになります。その後始末をするコストが、この業務をAIに肩代わりさせるメリットを上回る、と三豊市は判断したのだと思います。

ＡＩの上手な使い方

　ニューラルネットワークを使い、入出力のペアから成る教師データを大量に集め、試行錯誤を繰り返し学習し、教師データになるべく沿った答えを出す、現代の「統計と確率」に依存するＡＩでは、２つの明らかな限界があることを指摘しました。

　まず、教師データをそもそも揃えることができないものには適用できない、という限界です。政治や会社経営、子育てに適用できそうにはありません。

　もうひとつは、「外れ値の罠」です。めったにない事象でも、そこで失敗すると企業のブランドを毀損するような領域で、かつそこに挑戦する十分な社会的動機が見当たらない場合には、メリットよりリスクやコストが上回るでしょう。タクシーのドライバーに給料を払いたくないからとか、運転中にスマホやテレビを楽しみたいから、という理由による自動運転で大切な家族が事故で失われたら、それを社会は受容できないのです。完全自動手術やＡＩによる人事評価なども、導入に慎重さが求められるでしょう。

　とは言え、ＡＩの活用は広く社会に浸透し、生活の利便性や効率化に貢献しています。

（２）三豊市ホームページ『「チャットＧＰＴを利用したごみ出し案内」本格導入について』（更新日２０２３年10月23日）
https://www.city.mitoyo.lg.jp/kakuka/shiminkankyou/eisei/2/chatGPT/index.html

上手につき合う術さえ身につければ、とても役に立つはずです。

ＡＩ導入についてさまざまな企業からご相談を受ける機会は多いのですが、私が一番、感心したのは、冷凍食品のニチレイさんの事例です。

ニチレイには鶏を使った冷凍食品がたくさんあります。大量の鶏肉をさばかなくてはなりません。人間がさばいていたのでは非効率でコストもかかりますから、本当は機械にカットさせたいのですが、それを阻んでいたものがありました。

それは、鶏肉に含まれている「血合い」です。血合いがあったからといって、別に健康に問題はないし、味も変わりませんが、唐揚にかぶりついたときに、血合いが見えたらあまり気分がよくありません。

そういう声に応えるため、ニチレイは人の手で血合いを取り除くラインを設けていました。工場があるのはタイやベトナムです。暑い国ですが、工場は冷蔵庫の中にいるように寒く、従業員の方々は立ちっぱなしで血眼になって血合いと格闘していました。非効率で、なにより労働環境が過酷です。

そこで導入したのが画像認識ＡＩです。ロボットに画像認識ＡＩを搭載して、血合いを探索させ、見つかったらその部分をカットして廃棄するように設計したのです。

これで、血合い問題は解決し、従業員が凍えながら作業することもなくなりました。それだけではありません。食品ロスが劇的に減ったのです。人間が血合いを取り除くと、どうしても多めに切り取りがちなのですが、ロボットはピンポイントでその部分だけをくり抜くことが可能だからです。

それでも、「外れ値」による取り残しの可能性は残ります。ただし、致命的な問題ではありません。なぜなら、血合いを取り残しても、健康被害は起きないからです。ここが、ＡＩとロボットを導入する上で、たいへん重要なポイントです。安心安全が至上命題な領域ではなく、「できたらいいな」的な部分にうまくＡＩとロボットを使う、それが一番上手なＡＩ導入のあり方だと私は思います。

もうひとつ、好事例を紹介しましょう。

医療の世界でも放射線科医の画像診断を支援する画像診断ＡＩが導入されています。画像診断というのは、放射線科医の業務のひとつで、レントゲンやＣＴ（Ｘ線を用いたコンピューター断層像）、ＭＲＩ（磁気共鳴コンピューター断層像）で撮影した画像を読影する業務です。各診療科の医師は放射線科医の診断を参考に治療方針を決定するため、とても重要な役割です。

そのお仕事を支援しているのが画像診断ＡＩです。すでにかなりの数が医療機器として承認されていて、分野ごとに細分化もされているようです。

日本眼科ＡＩ学会で講演した際にうかがった話ですが、画像診断ＡＩには研修医レベルの実力は十分にあるそうです。と同時に、まだ研修医レベルだと言うこともできます。ここでも立ちはだかるのは「外れ値」問題です。どうしても誤診や見逃しが発生します。

一方で、放射線科医は慢性的な人手不足に悩まされているという問題があります。数十年前までは、ＣＴやＭＲＩは高価で大きな病院にしかありませんでしたが、今ではちょっとした規模の病院ならどこにでもありますから、当然かもしれません。

１回の検査で取得する画像は多いときでは３００枚を超え、放射線科医ひとりあたりの検査回数は年間５０００回を超えるそうです。週５日勤務するとしたら検査は１日約20回ですから、１回３００枚の画像なら１日６０００枚に上るわけです。[3]

放射線科医が不足し、画像診断ＡＩが研修医レベルの実力を備えているのなら、これを最大限に利用しない手はありません。「外れ値」問題があるため、今は放射線科医の診断を支援するという活用が主流のようですが、もっと合理的な棲み分けはできると思うのです。

たとえば、年に1度受けることになっている定期健診のように、特に自覚症状がない人の画像診断はAIに任せ、自覚症状がある人や健診で病気が疑われた人の画像診断は熟練の放射線科医が受け持ち、そちらにマンパワーを集中させるといったやり方です。

AIの得意分野と欠点を理解すれば、マンパワーとAIの棲み分けを適切に調整することができます。それは、さまざまな分野で業務を効率化することに貢献するはずです。

チャットGPTは何をどう学習しているのか？

ここまでAIの限界について説明してきましたが、では、なぜ「チャットGPTはウソをつく」のでしょうか。

チャットGPTも「外れ値の罠」に陥ります。ただし、チャットGPTがウソをつく主な理由はそこではありません。では、どんな理由なのか。

チャットGPTは正しいことを書くように設計されているわけではない。

これがその理由です。チャットGPTの基になった大規模言語モデルであるGPTも

(3) 「医師の診断を効率化する画像診断AIへの期待と狙い」技術革新統括本部 技術開発本部・藤澤朝香（NTT DATA「DATA INSIGHT」 https://www.nttdata.com/jp/ja/trends/data-insight/2021/0827/）

す。

「教師あり学習」をしています。ただ、ほかのＡＩとは教師データの設計が大きく違いま

たとえば機械翻訳を見てみましょう。機械翻訳用のＡＩは、もちろん「正しい翻訳」を目指しています。そのために学習するのは、「日本語とその訳である英語」の大量のペアです。「私は山田花子です」という日本語があれば、これに対して「I am Hanako Yamada」という英文をセットにします。

画像認識では、もちろん画像に写っているものを正しく当てようとします。画像認識用ＡＩが学習するのは、「画像と、そこに写っているもの」、たとえば「トマトの写真」と「トマトというラベル」のペアです。

画像認識用ＡＩの学習データは、人間が作ります。画像に何が写っているかラベルをつけることは誰にでもできます。多くの場合、このような単純な教師データは、アルバイトを募集して人海戦術で作成しています。一方、ＭＲＩ画像の読影のように高度な専門性を必要とする場合は、専門家の読影結果を世界中から入手して学習します。

では、ＧＰＴには何を学習させたらよいでしょう。

もしも「正しいこと」を言わせたいなら、文と「正誤」のペアが必要になりますね。では、文の正誤とはなんでしょう。

たとえば、「私は新井紀子です」という文は正しいでしょうか、それとも誤っているでしょうか。

私が書いたなら、この文は正しいです。あるいは、「新井紀子」を主人公にした物語の中に出てきたら、正しいかもしれません。それ以外の人が話者や書き手だった場合、この文は誤りです。

「今日、私は映画を観に銀座に行きました」、「明日は日曜日だ」、「ひまわりが満開を迎えました」、「田中さんの隣に座っているのは山田さんです」。

これらの文を教師データにしようとしても、ペアとなる「正」または「誤」の判定はできません。「明日は日曜日だ」は、土曜日の発言なら「正」ですが、それ以外の日だと「誤」ということになってしまいます。

本当に正誤をつけることができるようなデータは、「日本の第102代首相は石破茂である」といったような事実関係に関するものだけです。それだけではあまりに学習できるデータ量が少なすぎて、チャットGPTは今のように流暢な言葉を扱えるようにはならなかったことでしょう。

チャットGPTは流れるような文章を出力する、という目的のために、正しさはいったん棚上げにしました。正しさのことは気にしないことにしたのです。では、いったいチャットGPTは何を学習したのでしょう。それは、人間が書く「自然な文章の流れ」です。チャットGPTが目指したのは対話型AIです。人間が書いた文章から、文章の「自然な流れ」を学習させたのです。

たとえば、「私は映画を観に銀座に行きました」という文があったとします。これを次のように分解することでペアの教師データを作ります。

「私」＋「は」
「私は」＋「映画」
「私は映画」＋「を」
「私は映画を」＋「観に」
「私は映画を観に」＋「銀座」
「私は映画を観に銀座」＋「に」
「私は映画を観に銀座に」＋「行き」
「私は映画を観に銀座に行き」＋「ました」

最初の「　」が入力、そして、「＋」のあとの「　」が「その流れから出てもおかしくない自然な語」、つまり「答え」ということになります。こういうペアならば、ネット上にある「人間が書いた文章」から、いくらでも自動で教師データを生成することができます。かつては、たいして長くない文から「自然な文の流れ」を学習していましたが、今は、より長い文章から学べるようになりました。その結果、たぶん、開発している本人たちの予想もはるかに超えるような、人間らしい流暢な文章を出力し始めたのです。

チャットＧＰＴが「そこそこ」本当のことを言える理由

ここまでの解説を読んでも、納得できない読者の方は大勢いることでしょう。「文の自然な流れを学習しているだけなのに、ではなぜ、そこそこ『正しい文章』が書けるのだろう？」と。

そこがまさに謎なのです。強化学習を使っているという話はよく聞きますが、どのように使われているかの情報は公開されていません。そこで、いくつかの状況証拠から、この謎に迫ってみたいと思います。

チャットＧＰＴが学習するデータのほとんどは、ウェブ上に蓄積されたデジタルデータです。有名な事件や出来事については、新聞社がニュースを配信します。用語や人名についてはウィキペディアに書かれています。ただし、それらを合わせても、ウェブ上の全情報に比べれば微々たるものです。こうした重要な情報とその言い回しが埋没してしまわないように、何か手を打つ必要があるでしょう。私が開発者ならば、新聞社の記事とウィキペディアの記事を大量に「水増し」して教師データに混ぜ込むでしょう。これによって、重要な情報や言い回しを重点的に学習させるのです。

最近、それを裏づけるようなニュースを見かけました。2023年12月、ニューヨーク・タイムズ紙がチャットGPTを開発したオープンAIと、提携先のマイクロソフト社を著作権侵害で訴えたのです。原告側は、記事が許可なくAIの学習用に使われて著作権が侵害され、損害額は数十億ドル、日本円で数千億円にのぼると主張しているようです。チャットGPTにさまざまな質問をし、その出力と、過去のニューヨーク・タイムズの記事との類似度などから、相当な確信をもって裁判に臨んでいるはずです。

チャットGPTは、情報がぶ厚いところでは、どこかの新聞社の記事をパクり、情報がごく薄いところではでっち上げで作文することで、自然で流暢な文章を出力する。だから、「多くの人が検索しているようなありきたりなこと」については、そこそこ正しいことを出力するけれど、情報が少ないことについては、前述のトルキスタンについて問う東大の歴史問題のように、あることないことを平然と並べ立てるのです。これが私の推理です。

「多くの人が検索しているようなありきたりなこと」については、そこそこ正しいことを出力するため、多くの人は「チャットGPTはかなり正確なことを書く」と信じてしまったのではないでしょうか。

ただ、このチャットGPTの弱点をカバーする手法が登場しました。

RAG（Retrieval-Augmented Generation）という技術です。検索フェーズと、文書生成フェーズを分けることによって、特定の文書群（例：社内文書）の中から、ターゲットとなる事実を特定したのちに、文書生成を始めるというものです。

RAGは、生成AIをビジネスで活用する際には不可欠なものになりつつあります。実際に多くの企業が「社内文書に基づいたRAGつき生成AI」の導入に関心を示しています。たとえば、「社内文書」に限定して検索し、そこで見つかった情報の上位数件に基づいて、「まとめなさい」、「提案資料を作成しなさい」、「分析しなさい」などの命令に従って、それらしい文書を作成させるのです。

ビジネス用のRAGとは違い、チャットGPTやジェミニでは、ユーザーから問われた内容を、まずウェブ検索します。ヒットした内容のうち「ランキングが高い情報」を裏でプロンプトに再投入し、「あたかも最新のニュースも知っているようなふりをして」答えるという技を使えるようになりました。日々進化していて感心させられます。参考にしたサイトを、ソースとして明示もしてくれます。

　では、ＲＡＧを使えばハルシネーションは抑えられるでしょうか。情報が少ない「レア」な話題について、どこまで対応できるか。なかなか難しいと私は考えています。

やっぱりシンギュラリティは来ない！

　とは言え、生成ＡＩの進化は続いています。となると、２０５０年、あるいは２０４０年にもＡＩが人間を超えるという、いわゆるシンギュラリティは訪れるのでしょうか、それともやってこないのでしょうか。

　ＡＩの目指すべき到達点として注目されている２つのキーワードがあります。「汎用人工知能（ＡＧＩ）」と「人工超知能（ＡＳＩ）」です。

　これまで解説してきた「ニューラルネットワークに基づくＡＩの作り方」では、そのＡＩの目的に沿った教師データを作る必要がありました。つまり、個別目的のＡＩということになります。しかし「汎用人工知能」は汎用ですから、ひとつのＡＩで「あらゆる目的に応える」ことを目指します。

　いまやチャットＧＰＴには、テキストだけでなく画像や音声など、異種情報を混ぜて入力することができます。このように2つ以上の種類の情報を柔軟に扱えるＡＩを「マルチモーダル」と言います。ですが、マルチモーダルが進めば、「あらゆる目的」に応えられる人工知能が誕生すると考えるのは早計です。

私は『ＡＩ vs. 教科書が読めない子どもたち』に次のように記しました（同書12ページ）。

人工知能の実現には2つの方法論があります。逆に言うと2つしか方法論はありません。一つは、まず人間の知能の原理を数学的に解明して、それを工学的に再現するという方法でしょう。もう一つは、人間の知能の原理はわからないけれど、あれこれ工学的に試したら、ある日、「おやっ！　いつの間にか人工知能ができちゃった」という方法です。

前者は原理的に無理だと、多くの研究者が内心思っています。なぜか。人間の知能を科学的に観測する方法がそもそもないからです。（中略）

後者はどうでしょうか。後者の方法で人工知能が実現できるという立場の人は、飛行機の例をよく持ち出します。飛行機が飛ぶ原理は数学的に完全に解明されているわけではない。けれども実際に飛行機は飛んでいる。だから（中略）人工知能もそうやって工学優位で実現されるに違いない。

文章生成用、機械翻訳用、画像認識用、画像生成用、自動運転用……といくつものＡＩを並べるのではなく、巨大なニューラルネットワークに、あらゆる教師データを突っ込み、どれにおいても高い精度を出せるような調整に成功したとします。ここまでは、まだマルチモーダルです。

そのニューラルネットワークモデルに、教師データが存在しない未知のデータを入力しても、なぜか正しい答えが出る。そうなったら、汎用人工知能だと言っていいように思います。

学習するのが難しい例について先に述べてきました。「外れ値の罠」と「教師データの不在」の2種類です。

個別目的のＡＩは、「外れ値の罠」に必ずはまります。そして、教師データが存在しなければ、そもそもＡＩ化に着手できません。にもかかわらず、個別目的のＡＩの集合体であるマルチモーダルの延長線上のＡＩに、人間以上に正しい判断ができるとしたら、それは奇跡が起きたときです。言い換えるなら、「おやっ！　いつの間にか人工知能ができちゃった」という状況です。その偶然が起こる確率は、私にはどうしても高くは思えません。なにしろＡＩには味覚も嗅覚もないのですから。これが、私が「現状のＡＩ技術の先に汎用人工知能があるとは思えない」と考える理由です。

一方、人間の能力をはるかに超えるのが「人工超知能」です。ただ、これはオープンＡＩのような企業が宣伝として口にするのはかまいませんが、科学的な定義として無理があります。「人間を上回る知性」という定義は、ニューラルネットワークと大規模学習との相性が悪すぎるからです。

これまでご紹介してきたように、ルールから勝ち負け・正誤が決まるタイプの問題に関しては強化学習をすることができます。そのとき、教師データは不要です。なので、現在でも人間の性能を上回ることもあります。

一方、人間社会固有の価値観の中で正誤が決まるような問題については、どうしても教師データが必要になります。教師データは人間が作ります。それを模倣するようにニューラルネットワークは調整されます。人間を「超える」ということは、どこかで人間の教師データとは異なる出力をする、ということですから、その段階で工学的には「精度が下がった」とみなされます。よって、ニューラルネットワークと教師データに頼る限り、できるのは「(教師データを生み出した)人間そっくり」までで、「人間を超える」ことは理論上ないのです。

「人工超知能」が達成されるには、「教師データを使う」以外の画期的な技術が必要になります。画期的な技術は、常に画期的な理論を必要とします。画期的な理論は、残念ながらお金で買うことはできません。「２０３０年までには」のような期限を切ることもできません。なにしろ、フェルマーがディオファントスの著作『算術』の余白に、「フェルマーの最終定理」を書き残してから、それが完全解決されるまでに３００年以上を要しました。双子素数が無限にあるかどうかは２０００年たっても未解決です。画期的な理論は、明日発見されるかもしれませんが、３００年後かもしれないし、未来永劫やってこないかもしれない。誰にもわかりません。

では、「人間そっくり」は実現するのでしょうか。

先ほども書いたように、人間の知性は人間という身体や社会と切り離すことができません。たとえば、数百年に一度という法隆寺の全伽藍解体大修理の棟梁を務めた宮大工の西岡常一さんについて考えてみましょう。

西岡さんは「前回の全伽藍解体大修理」は当然見たことはありません。西岡さんの師匠も、さらにその師匠も見たことがないはずです。なにしろ数百年前のことですから。断片的な紙の資料と、これから修理する実際の法隆寺だけを根拠に、決して失敗できない大修理に挑む知性を、ＡＩが模倣したり再現したりできる気がしません。

そもそも、西岡さんに法隆寺の大修理の棟梁を任せた人の目利き力にも教師データはありませんし、数値最適化だけでは説明がなかなかつきません。「汎用人工知能」や「人工超知能」を語る人々は、「知性」をかなり限定的に考えているのでしょう。

私は、ＡＩが「人間のようになる」必要はないと考えています。飛行機や電子レンジのように、ＡＩは人間の役に立つ機械として進化していけばよいし、結果としてそうなると考えています。なぜなら、そのほうが経済合理性が高いからです。

ＡＩを使いこなせる人材になる

おさらいをしておきます。

チャットＧＰＴなどの生成ＡＩの出力にはウソ（ハルシネーション）が含まれます。「ネット上の誤情報を学習したせい」ではありません。生成ＡＩの教師データの設計そのものに由来するものです。よって、今と同じような方針で教師データを増やしたり、より良質のデータを学習したりすることでは、ハルシネーションを根本的になくすことはできません。

現状の「大規模ニューラルネットワークと学習」によるＡＩは、外れ値に弱い上、その外れ値での誤りを修正できるかどうかわかりません。外れ値を教師データに取り込むことで、全体の精度がむしろ下がる危険性があるからです。また、誤りを経験した直後に修正することもできません。モデルの再学習には時間がかかるためです。経験した誤りから「すぐに学べる」人間との大きな差です。

「人間の知的作業を完全に代替してくれる人工知能」の登場には、「大規模ニューラルネットワークと学習」以外の画期的な技術の登場を待つしかなさそうです。少なくともそれまでの間、チャットGPTをはじめとするAIたちは、蒸気機関や電子レンジの発明同様に、「使いこなす人間」の存在を前提とした「機械」にとどまるはずです。

ただし、電子レンジとAIには大きな違いがあります。電子レンジは多くの人が使いこなし、家事の生産性を向上できたのに対して、チャットGPTによって生産性が3倍になるような人は、ごく限られるからです。

「まだ、みんながAIに慣れていないからで、すぐに誰もがチャットGPTを使いこなせるようになる。特に子どもたちは、早いうちにAIと対話させておけば、すぐに使いこなすだろう」と言う人は、その前提となるスキルを甘く見積もりすぎています。「チャットGPTを使いこなすためのスキル？　もちろんプロンプトエンジニアリングですね！」と言う人は早合点しています。

チャットGPTを使いこなすために必須になるスキルとはなにか？

それが、これから本書でお話しする「シン読解力」です。

チャットGPTとタッグを組んで生産性を上げるには、少なくともチャットGPTと遜色のない読み書きスキルが必要です。

私たちはチャットGPTの出力を、まず読んで理解できなければなりません。「なんかいい感じに書いてあるからOK」ではダメです。さらに出力を読んで、理解するだけでも不十分です。

なにしろ、相手は呼吸するようにウソをつきますから、ファクトチェックをする必要があります。書かれている内容を検索し、情報源を見つけ、「読んで、理解」し、チャットGPTに誤りを指摘し、修正させます。そのためには、チャットGPTに任せるのではなく、自分でテキストを読みこなさなくてはなりません。仮に書かれていることが真実だったとしても、著作権侵害しないように、引用文献をつける必要に迫られることもあるでしょう。

そのことを理解せずに、「チャットGPTを使いこなす人を育てる＝学校でチャットGPTを使わせる」と早合点をしたことで、実は今、教育現場で混乱が広がっています。

たとえば、プログラミング言語の演習で、チャットGPTの使用を許可した情報系学部があります。多くの学生が課題をそのままコピーし、「この仕様を満たすプログラムを書いてください」とチャットＧＰＴに命令しました。

出力されたプログラムを試してみると、エラーが表示されました。プログラム言語にくわしい人ならば、エラーの内容を読み、チャットＧＰＴのコードを読み返して、エラーの箇所を特定し、修正することができたでしょう。

ところが学生たちは、仕様もプログラミング言語も十分には理解できないままチャットＧＰＴを使っていました。エラーが出ても、自分で修正することができません。そこで、エラーメッセージをコピーして、「こういうエラーが出ました。直してください」と命令することを繰り返しました。その結果、アドバイスする担当教員も、何をどう修正すればいいかわからない代物ができあがってしまい、教育効果が下がってしまったそうです。

学校の自由研究などでも、チャットＧＰＴの利用によって世界が広がり素晴らしいレポートを提出する子がいる一方で、見た目は流暢なのだけれど、ウソが混じっているものを提出する子は増えるでしょう。

成績をつける先生は、前者と後者を見分ける必要がありますが、チャットＧＰＴのウソを学校の先生が見破ることができるでしょうか。そうでなくても、教員は多忙です。ファクトチェックの余裕などないはずです。

教育現場でさらに頭が痛いのがテストや入試での不正です。スマホで入試問題を撮影し、ネットで送信し、第三者に解いてもらったというような新聞を賑わせる事件が近年増えています。第三者の通報により露見することが多いですが、チャットGPTに解かせれば、不正は発覚しにくくなるでしょう。インターネットを遮断できれば不正は防止できますが、すべての入試会場にネット遮断の工事をするとなると莫大な費用がかかります。

チャットGPTをはじめ、あらゆる生成AIは、使い手の真の能力を超えることはできません。呼吸するようにウソをつきますし、著作権侵害も起こします。それをチェックし、生成AIと対話しながら、より適切な出力になるようにコントロールするスキルが求められます。そのスキルがあれば、チャットGPTはあなたの生産性をきっと2倍にも3倍にも向上させてくれるでしょう。AIの欠点を理解した上で上手に使いこなすことが、AIが作る世界で生きる私たちに必要なスキルなのです。

実際に、仕事の効率が上がったと、チャットGPTを高く評価する人たちは大勢います。その使い方を尋ねると、「アイデア出しのための壁打ちに使う」、「これまでだったら学生や新入社員に下調べをさせていたような場面で使う」、「自分がやればできる内容だが、面倒なとき（例：英語でメールを書く、礼状を書く）に使う」と口を揃えます。それを基にして事実確認をしたり、ほかのＡＩに文法チェックをさせたり、おかしなところを修正したりすれば、仕事は非常に効率化できる――。

私もそのとおりだと思います。それこそが、ＡＩとの上手なつき合い方なのです。ただし、どの使い方でも、「使い手の真の能力を超えていない」ことにぜひ注意してください。

私たちは、ＡＩと競争して勝つ必要はありません。ＡＩを使いこなして、つまりＡＩの助けを借りて、ＡＩより賢くなればよいだけです。「ＡＩ vs. 人間」ではなく「人間×ＡＩ」です。その前提として必要な能力が、「シン読解力」なのです。

次の章からは、「シン読解力」とは何かを明らかにしつつ、いくつかの自治体の教育委員会や学校の先生方とともに取り組み、目覚ましい成果を上げてきた「シン読解力」向上のメソッドをご紹介します。

第2章

「シン読解力」の発見

私が取り組んだ東大入試突破を目指すＡＩ、通称「東ロボ」は、結局、東大には入れませんでした。ところが、ＭＡＲＣＨ（明治、青山学院、立教、中央、法政）や関関同立（関西、関西学院、同志社、立命館）といった名門私学には合格可能性80％を叩き出したのです。

「東ロボ」は、ものごとの意味などさっぱりわかっていない統計と確率だけの計算機械です。その、ただの計算機械が、名門私大にあっさり合格できる成績を上げてしまったのです。この成果を見て私は思いました。

「ＡＩを賢くしている場合じゃない。ＡＩがホワイトカラーの仕事の半分を代替する前に、子どもたちのほうを賢くしなくては！」

危機感を抱いた私は、２０１６年から「リーディングスキルテスト（ＲＳＴ）」というテストの開発を始めました。

このテストは大きな波紋を呼びました。なにしろ、とても変なテストだったからです。たとえば、次のページのような問題です。

これは、与えられた2つの文章が同義か異義かを判定する「同義文判定」と名づけた問題の一例です。

特に知識は必要ありません。文の読み方さえ身につけていれば、おのずと答えはわかるはずです。最初の文では、幕府が大名に沿岸の警備を命じていますが、2番目の文では、幕府が大名から沿岸の警備を命じられてしまっています。正解は「異なる」です。

やさしい問題だと予想していましたが、中学生の正答率は57％（調査数857名）にとどまりました。二択問題ですから、2つの文の違いを理解した上で正解した中学生の割合は57％よりさらに低いと予想できます。

この結果は衝撃的でした。857名の調査というのは、教育調査ではかなり信頼度の高い結果ですが、それでも、納得してくださらない方が大勢いるほどでした。

RSTは「誰でも読めばわかるはずの文章」を「読む力」を測るためのテストです。

例題	同義文判定

Q 次の文を読みなさい。

幕府は、1639年、ポルトガル人を追放し、大名には沿岸の警備を命じた。

上記の文が表す内容と以下の文が表す内容は同じか。「同じである」「異なる」のうちから答えなさい。

1639年、ポルトガル人は追放され、幕府は大名から沿岸の警備を命じられた。

もっと言えば、「教科書を読む力」を測るテストです。もう少し厳密に言うと、「知識や情報を伝達する目的で書かれた自己完結的な文書」を「自力で読み解ける力」です。

自己完結的な文書とは、「新しく使う用語を導入する際に、定義と例が書かれており、すべての主張にその根拠が書かれている」、そして「解釈がひとつ（一意）に定まる」ように書かれた文書です。代表的なのが教科書や辞書や事典、新聞記事などの記述です。

一方で、ＲＳＴは文学作品や評論をテストの対象としません。文学は「知識や情報を伝達する目的で書かれた自己完結的な文書」ではないからです。太宰治の『走れメロス』が、知識を伝達する目的で書かれた文章だと考える人はどこにもいないと思います。それが、ＲＳＴの測定対象から文学を外した理由です。

ところが、「読解力」という言葉を強調してしまったこと、文学や評論を題材から外したことで、ＲＳＴは思わぬ誤解を、特に学校関係の方々から、受けることになってしまいました。

私が「ＡＩ時代にこそ読解力が重要だ」と強調すればするほど、「国語教育が重要」、「読書が学力の鍵になる」という〝誤解〟が広がりました。ＲＳＴの読解対象から文学作品や評論を外していたにもかかわらずです。

２０１８年に書き下ろした『ＡＩ vs. 教科書が読めない子どもたち』の中で、ＲＳＴが測定する「読解力」と読書量には相関が見られない、つまり、読書量とＲＳＴが測る読解力は無関係であることを報告していたのですが、そこのところはよく伝わりませんでした。

また、文学や評論を「読解」の対象から外してしまったことで、少なくない国語の先生方からは、従来の国語教育を否定しているかのような誤解を受けてしまいました。「解釈が一意に決まるはずの文書を多くの人が読めていない」可能性が高いという、これまで知られていなかった事実を、エビデンスに基づいてお伝えしたかったのですが、思わぬ受け取られ方をされてしまったのは、とても残念なことでした。

こうした〝誤解〟を受けたことで、言葉の持つイメージの力を改めて実感しました。私は「知識や情報を伝達する目的で書かれた自己完結的な文書」を読み解く力という意味で「読解力」という言葉を使ったのですが、「読解力」という言葉が独り歩きしてしまい、ほかの人には違ったイメージや意味で捉えられてしまう可能性があることを実感したのです。

この苦い経験は、新しい考えを表現するためには、新しい言葉や形式が必要であることを私に痛感させました。「新しい酒は、新しい革袋に盛れ」と新約聖書が戒めるとおりでした。だから、ＲＳＴが測る力を「シン読解力」と呼ぶことにしたのです。

「読める」は才能ではなくスキルである

では、なぜＡＩが席巻するこの現代に、「シン読解力」が必要なのでしょうか。

「シン読解力」をつける必要があるのは、学校で学ぶ子どもたちだけではありません。テクノロジーが日進月歩で革新を続ける現代は、誰もが学び続けることを求められます。これまでもビジネスパーソンは、グローバル化すれば英語を、ＩＴ化の波が押し寄せればＩＴスキルを、会社から補助を受けつつつリスキリングしてきました。

しかし、今、進行しつつあるテクノロジーの進歩のスピードは猛烈で、研修の繰り返しでついていけるほどのんびりしてはいません。一方で、変化に対応するために学ぶべきスキルや知識に関するコンテンツは、ネット上にいくらでも無償提供されています。そのような社会で人間に求められるのは、「自力で学び続けられるスキル」です。そして、学び続けられるスキルの基盤となるのが「シン読解力」なのです。

もうひとつ、シン読解力が必要な理由があります。ホワイトカラーの仕事の仕方やメディアの在り方がこの20年で大きく変わったからです。

活字離れと言われますが、実際は私たちが１日に読む文字数は以前に比べて明らかに増えています。ＳＮＳだけがその理由ではありません。仕事上のやりとりが、電話や対面からメールや添付ファイルに置き代わったからです。

　それと同時に、誰もが文書の生産者になることを期待されます。やりとりされる文章の大半は説明文です。高度経済成長の時代には、そのような能力はエリートの一部にしか求められませんでした。ところが、メールの普及によって、ホワイトカラーであれば誰であろうと等しく、その能力を求められるようになりました。怒涛のように流れてくる説明文を正確に読みこなし、それに文書で返答し、報告書や提案書を生産することが、当然のように期待されるようになったのです。

　話をさらにやっかいにしたのが生成ＡＩの台頭です。生成ＡＩは、説明文を読み書きするのが苦手な人々の福音になるかと思いきや、そうではありませんでした。前章でお伝えしたように、現状の生成ＡＩは呼吸をするようにウソをつきます。そのウソは、生成ＡＩの基本設計から考えて不可避だと言っていいでしょう。ということは、ホワイトカラーが生成ＡＩを相棒として生産性を向上させようと思ったら、少なくとも生成ＡＩの出力を読み、それを裏づける資料や文章を読みこなす能力は必須になります。そして生成ＡＩの出力、検索した先のドキュメントのほとんどが「知識や情報を伝達する目的で書かれた自己完結的な文書」なのです。それらを「自力で読み解く」ことができないと、生成ＡＩを使うことで生産性がかえって下がる懸念さえあります。

『ＡＩ vs. 教科書が読めない子どもたち』を出してから、多くの方から「ＳＮＳのいざこざを見ていると、読解力がない人がいかに多いか実感します」とか「コロナ禍のテレワークで、『資料を読める人・読めない人』の差がはっきりしました」、はたまた「実は、教員が成績表に書く所感や備考を添削するのがあまりにたいへんで、学期末になると副校長は日付が変わる前に帰宅できないのです」というような話が耳に入ってくるようになりました。

大人の世界でも、今まさに「シン読解力」が足りないことで苦労している人、生産性が下がる現場が少なくないようです。

そのような話をされる方の多くも、実は「シン読解力」がどのようなものなのかうまくイメージできないようです。「シン読解力」の読む対象が、「本来ならば誰でも読めばわかるはずの文章」だからかもしれません。

もうひとつ興味深いのが、多くの人が、自分より読解力が劣る人については、「努力が足りない」、「ちゃんと読んでいない」と言う一方、自分より読解力が勝る人については、「才能がある」、「もともと頭がよいのでしょう」、「そういう人は得てしてコミュニケーション能力が劣っていることがありますよね」という感想を持ったりすることでした。

私は「シン読解力」が高い人ってどんな人ですか？　と聞かれると、成田悠輔さんと成田修造さんのご兄弟のことをよく挙げます。悠輔さんはイェール大学助教授で起業家、修造さんは起業家・投資家で、このお二人は若者に支持される新時代のロールモデルと言っていいと思います。成田修造さんはインタビューの中で、14歳のときにお父様が失踪され、お母様が心労で倒れて一家が破産する中、兄弟で障害者雇用促進法などを読み解き、手続きをして、大学進学を諦めずに乗り越えた軌跡について語っています。

困難に直面したときに、どのような制度があり、どうすれば衣食住が確保でき、大学進学を諦めずに済むかを10代だった2人が大人の助けを借りずに見出すためには、法制度や手続きの書類を読み解くための「シン読解力」が不可欠だったはずです。「2人とも有名進学校に通っていたから」というのは、原因と結果を読み違えています。成田悠輔さんは、東京の有名私立進学校の麻布中学・高校に進みましたが、睡眠障害のため不登校だったと述懐しています。ですから、2人は「シン読解力」を、有名私立中高で身につけたのではなく、それより前の段階で手に入れたはずです。「2人とも頭がよかったから」というのも、やはり原因と結果を読み違えているように思います。むしろ、「シン読解力」が極めて高かったので、勉強には向かないような環境の中でも、学力を高めることができたと考えるほうが自然でしょう。にもかかわらず、多くの人は「あの2人は天才だから」と才能の問題に帰着させようとするのです。

修造さんと私が一緒に出演したある番組では、司会者が「お兄さんの悠輔さんが『この本を読むといい』と薦めた本のリストがありましたよね。あれを読めば読解力が上がることは間違いないですね」とまとめようとしました。いいえ、違います。浅田彰の『「歴史の終わり」を超えて』や『フェルマーの最終定理』を読破するには、そもそも基盤となる「シン読解力」が不可欠なはずです。それらの本を手に取るよりもずっと手前で、2人は「シン読解力」を手に入れていたはずです。

こうした混乱は、逆説的に次のことを指し示しています。

「読めばわかるはずの文章を誤読する人がなぜこれほどまでに大勢いるのか」、「問題なく読めるようになるにはどのような教育が必要か」が、これまで教育改革や教育研究の空白地帯だったという事実です。体系的な調査や研究を誰もしてこなかったので、みなさん自分の経験や感覚で、思いつくことを語るのでしょう。

『ＡＩ vs. 教科書が読めない子どもたち』から7年、教育学、教科教育学、認知心理学など、さまざまな過去の研究にあたってきましたが、先行研究があまりに少ないことに愕然としました。例外的に見つかったのは、幼児の研究と読み書き障害に関するものでした。

私が出席した国際会議で、小学5年生以上の子どもが「読めばわかるはずの文章」を読めないことについて問題提起をすると、「日本の教育に何か問題があるのではないか」というコメントを受けるくらいで、有用な知見を得られることはまずありません。海外でも先行研究が少ないのです。

本書で、「シン読解力」という新しい問題について、どれくらい明らかにできるのか、また本当に有効な処方箋を提供できるのか、自信はありません。ただ、教育学や国語学や言語学が専門ではない私が、この仕事に着手する唯一の有利な点があるとするならば、私の手元に50万人を超えるリーディングスキルテストの受検者データがあることです。そのようなデータは世界のどこにもないのです。

ここからは、その50万人のデータを愚直に分析していきます。そして、リーディングスキルテストが測った能力が、どれほど人生を左右するかについて検証します。

次に「シン読解力」について、「持っている人はなぜか持っているけれど、持っていない人はなぜか持っていない」という状況に至った原因を、認知科学などの理論の手を借りながら、私なりに解明を試みます。

そして、最後に「シン読解力」は、才能ではなくスキルであり、適切なトレーニングをすれば、いくつになってからでも改善するという証拠をお示ししようと思います。

リーディングスキルテストとは何か？

まずは、リーディングスキルテスト（ＲＳＴ）がどんなテストなのかを、出題している問題例とともにお話ししましょう。

ＲＳＴは、紙ではなく、ネットワークに接続したコンピューター上で実施するテストです。次の６つの分野に分けて、能力診断をします。

①「係り受け解析」
②「照応解決」
③「同義文判定」
④「推論」
⑤「イメージ同定」
⑥「具体例同定」

単純計算すると、30分弱で終わるテストですが、各分野の冒頭で練習問題を解かせたり、分野と分野の間に休憩時間をはさんだりするので、全体では45分から50分程度かかります。１時限の授業時間中にテストが終わるよう設計されています。

受検者は、ログインし、注意事項を読んだあと、最初の分野である「係り受け解析」に挑戦します。

「係り受け」とは、文中の「主語と述語」、「修飾語と被修飾語」などの関係性を指します。知識や情報を伝達する目的で書かれた文章を正確に読解するには、まず文の構造を読み解くことから始まる、と私たちは考えたのです。この問題群では、提示された文に関する知識や親密度、好き嫌いなどに左右されない、頑健な文章構造読解の力を測ります。

問題01は、「係り受け解析」の問題の一例です。

この問題を私たちは「オセアニア問題」と呼んでいます。正解は、②「キリスト教」で、中高校生だけでなく大人も含めた正答率は

問題 01 ｜ 係り受け解析

Q 次の文を読みなさい。

仏教は東南アジア、東アジアに、キリスト教はヨーロッパ、南北アメリカ、オセアニアに、イスラム教は北アフリカ、西アジア、中央アジア、東南アジアにおもに広がっている。

この文脈において、以下の文中の空欄にあてはまる最も適当なものを選択肢のうちから1つ選びなさい。

オセアニアに広がっているのは（　　　）である。

① ヒンドゥー教　② キリスト教　③ イスラム教　④ 仏教

62・7%でした。

ふつうのテストでは受検者全員が同じ問題を解きます。それには、受検者が全体でどのくらいの序列に位置するか明確にわかる、つまり、受検者の相対的な能力が測れるという利点がありますが、受検者一人ひとりの情報が十分に得られないという欠点もあります。たとえば、0点の答案からは「改善のための情報」が得られません。0点では、どこでどのようにつまずいているのか、もう少しやさしい問題ならば多少は解ける可能性があるのか、といった情報を得ることができないのです。満点の場合も同じです。受検者にとって問題がやさしすぎたということはわかっても、では、どの程度の難易度の問題まで解けるのかといった、受検者の能力の絶対値を知ることはできません。

配点にも問題があります。紙のテストでは、たとえば、算数のテストなら計算問題はすべて5点、文章題は15点といったように、あらかじめ配点が決まっているのが一般的です。けれども、計算問題にも難易度の差があるので、同じ配点では受検者の能力を正しく測定することはできません。本来なら、テスト終了後に各問題の正答率から難易度を測定して、配点を決めるべきですが、そうはなっていません。それも、紙のテストの問題点です。

RSTを紙のテストではなく、オンラインテストで実施しているのは、個別最適化を図り、紙のテストでは得られない情報を得ることで、受検者の課題を明確にするためです。

すでに、TOEFLやアメリカの学力テストでは、「項目応答理論」を用いて、公平性と個別最適化を図るオンラインテストが主流になりつつあります。

問題01の正答率は62・7%ですから、RSTの問題としては、ややややさしい部類に入ります。正解すると、次はより難しい問題が出題されます。一方、間違えるとよりやさしい問題が出題されます。視力検査と同じですね。

間違え続けると「おじいさんは山にしばかりに、おばあさんは川へせんたくにいきました」という文を読んで、「川へいったのは（　　）です」に当てはまる言葉を探すような、とてもやさしい問題が出題されます。

一方で、正解が続くと、出題される問題はどんどん難しくなっていきます。たとえば、私たちが「アミラーゼ問題」と呼んでいる問題02は「係り受け解析」問題のうちで、最も難易度が高い問題のひとつでした。

この問題の正解は、①「デンプン」ですが、なぜか「アミラーゼ」を選ぶ人が多いことがデータからわかっています。

つまり、ＲＳＴでは、項目応答理論を導入したことで、受検者それぞれの能力を診断する上で最適な問題を、コンピューターが次々に選んで出題するのです。ですから、同じ時間帯に、同じ教室で受検していても、全員が同じ問題を解くわけではありません。受検者は、それぞれ自分のペースで「できるだけ正確に、できるだけ多くの問題に」解答します。中には制限時間内に2、3問しか解けない人もいますが、「できるだけ多く」解答したほうが、精度高く診断することができます。

視力検査では、「見えるか見えないかギリギリのところ」の数値が、受診者の視力になりますね。ＲＳＴでも、「解けるか解けないか五分五分のところ」の問題の難易度が、受検者の「能力値」になります。たとえば、「オ

問題 02 | 係り受け解析

Q　次の文を読みなさい。

アミラーゼという酵素はグルコースがつながってできたデンプンを分解するが、同じグルコースからできていても、形が違うセルロースは分解できない。

この文脈において、以下の文中の空欄にあてはまる最も適当なものを選択肢のうちから1つ選びなさい。

セルロースは（　　　）と形が違う。

① デンプン　② アミラーゼ　③ グルコース　④ 酵素

セアニア問題」をギリギリ解けるかどうかの人は、真ん中よりやや下の能力値だと判定されます。

能力値の推定精度を上げるため、「係り受け解析」だけで1500問以上、全体ではRSTには約1万問の問題が、理系・文系同数になるように管理されています。似たようなタイプの問題が続けて出題されないように、文系の教科書や新聞記事出典の問題のあとには、理系の教科書やサイエンス記事出典の問題が出題されるように工夫されています。

「照応解決」問題では、省略されている主語や目的語を読み解く力を試します。

問題03はその一例です。

ここでは2文目の主語が省略されています。それを4つの選択肢から選ぶ問題です。

正解は、②「漢」で、全体正答率は46・5%。中程度の問題です。出典は高校の世界史の教科書ですが、中学生にも出題しています。中学生は劉邦や匈奴の読み方さえ知らないでしょう。(1) わかるのは、「中国の歴史の話らしい」ということくらいでしょうか。それで

(1) ルビボタンを押せば、総ルビで問題に取り組むことができます。ただし、ルビふりも正答率を左右しないことがデータからわかっています。

いいのです。RSTは「知識や情報を伝達する目的で書かれた自己完結的な文書」を自力で読み解く力を問うているのですから。学校で中国の歴史をまだ教わっていなくても、「最盛期をむかえ」たり、「支配を広げ」たりすることができるのは国であり、文脈から「漢」が国の名前だ、ということが理解できる。そのような力が、自己完結的な文書を自力で読むための基盤になります。

興味深いことに、この問題の正答率は中学生と高校生と大人とで差がありません。世界史を学ぶ前の中学生には不利で、学び終えた高校生には有利な問題にはなっていなかったのです。この問題だけではありません。提示文の内容について、学校で習ったかどうかは、RSTの能力値に影響しないことがデータか

問題 03 | 照応解決

Q 次の文を読みなさい。

前202年、農民出身の劉邦が中国を統一して漢を建国し、郡県制と封建制をあわせた郡国制を採用した。前2世紀の武帝の時に最盛期をむかえ、朝鮮半島やベトナム中部にまで支配を広げ、また北方の匈奴をやぶった。

この文脈において、以下の文中の空欄にあてはまる最も適当なものを1つ選びなさい。

武帝の時に最盛期をむかえたのは（　　　）である。

①劉邦　②漢　③郡国制　④農民

らわかっています。

ここまでの3つの問題分野は、文の意味を深く考えなくても、説明文の文体に慣れており、語彙量が十分にあれば、ある程度解ける問題群です。ところが、後半の「推論」、「イメージ同定」、「具体例同定」はそうはいきません。

たとえば、推論では、こんな問題が出題されます。

問題04をご覧ください。

正解は、「まちがっている」です。

2010年現在、全陸地の31％を森林が占めており、1990年にはそれよりも森林の占める割合が多かったはずですから、森林で

問題 04 | 推論

Q 次の文を読みなさい。

1990年から2010年にかけて、世界全体では毎年平均約700万haの森林が失われた。2010年現在、地球には、全陸地の31％をしめる森林がある。

上記の文に書かれたことが正しいとき、次の文に書かれたことは正しいか。「正しい」、「まちがっている」、これだけからは「判断できない」のうちから答えなさい。

1990年当時、地球の全陸地の70％以上が森林ではない部分だった。

ない部分は69％を下回るはずです。全体正答率は49・8％でしたが、高校生の正答率が、小中学生より有意に低いことが目についた問題です。教員の正答率が高校生よりさらに低い34・5％にとどまりましたが、その理由はわかりません。

ちなみに、チャットGPT－4oに尋ねたところ、さんざんもっともらしい解説をした挙句、「正しい」が正解だと答えました。

「知識や情報を伝達する目的で書かれた自己完結的な文書」には、しばしばグラフや図形、概念図などの資料がついています。RSTでも、資料を正確に読み解く力を重視しており、「イメージ同定」という分野で測定しています。

たとえば、次のような問題です。問題05をご覧ください。

私たちは「メジャーリーグ問題」と呼んでいますが、この問題は多くのテレビ番組に取り上げられました。意外な方が意外な選択肢を選ぶので興味深かったです。

たとえば、2019年12月8日に放映されたフジテレビの『ワイドナショー』での一幕です。OECD（経済協力開発機構）に加盟する国と地域の15歳を比較した2018年の学習到達度調査（PISA）で、日本の若者の「読解力」が、前回15年調査の8位から15位

問題 05 | イメージ同定

Q 次の文を読み、メジャーリーグ選手の出身国の内訳を表す図として適当なものをすべて選びなさい。

メジャーリーグの選手のうち28％はアメリカ合衆国以外の出身の選手であるが、その出身国を見ると、ドミニカ共和国が最も多くおよそ35％である。

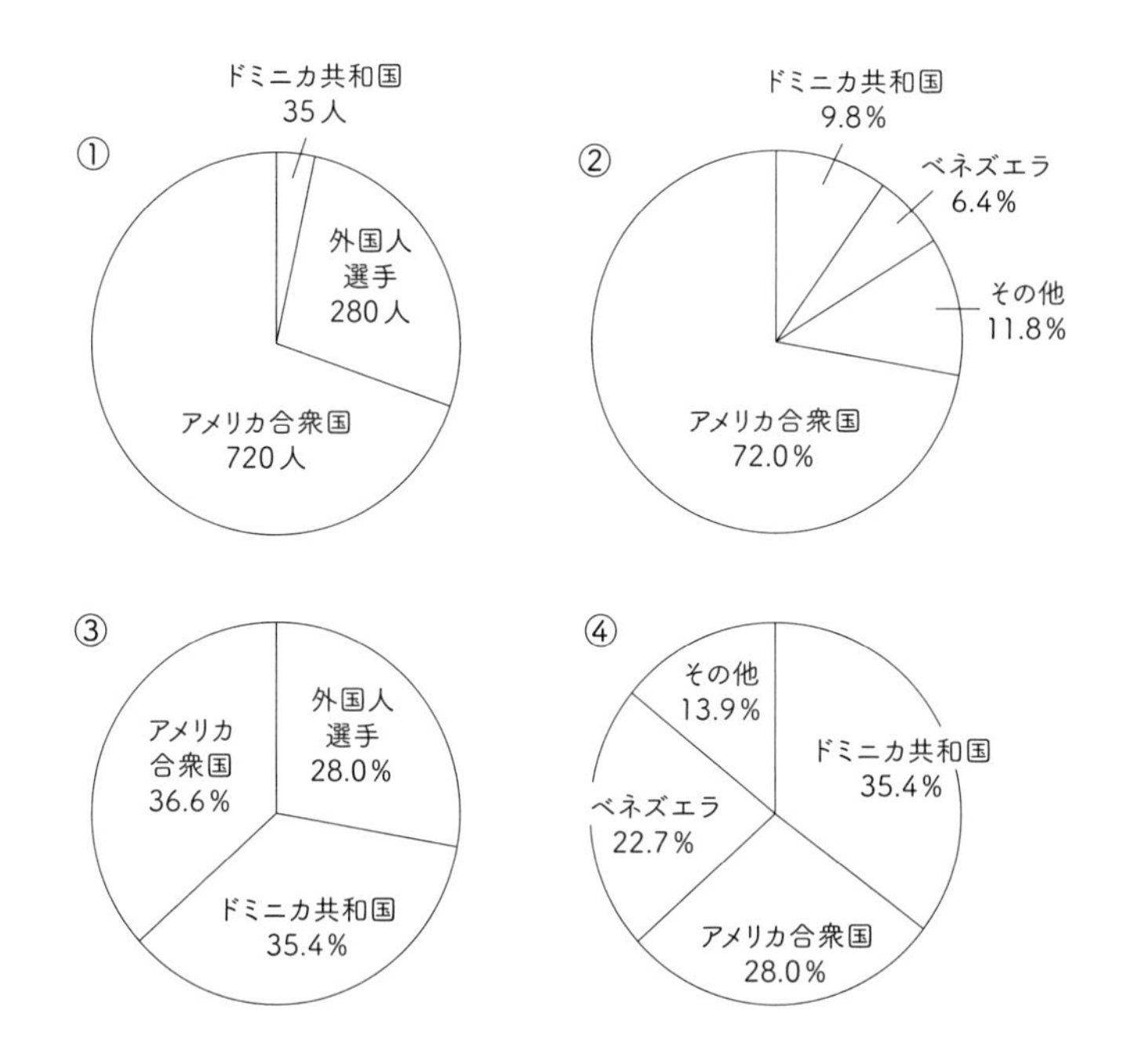

に急落したことを受けて制作された番組でした。番組作りに私は一切かかわっていませんが、フジテレビから問題の引用許可の依頼メールを受け取ったので、楽しみに番組を拝見しました。

ゲストは古舘伊知郎さんと武田鉄矢さんでした。古舘さんと武田さんは、たぶん「流暢な日本語の使い手」として認知されている代表的なタレントで、お二人ともそのことに自負がおありでしょう。

番組は、そのお二人に、「なぜ若者（15歳）の読解力が下がったのか」の原因を尋ねます。古舘さんは「若い人がガムを噛まなくなったのがよくない」との意見でした（きっとウケ狙いでしょう）。一方の武田鉄矢さんは真面目でした。なにしろ、代表作は「三年B組金八先生」。金八先生は中学校の国語の先生という役どころです。「四字熟語、特に故事成語を学ばなくなったのがいけない」との自説を熱弁されました。

そのあと、司会の東野幸治さんが、「では、ゲストのお二人に、読解力の問題を解いていただきましょう」と言い、「アミラーゼ問題」と、この「メジャーリーグ問題」を出題したのです。

「アミラーゼ問題」を振られた古舘さんは間違えてしまいました。次に「メジャーリーグ問題」を振られた武田さんは長考の末、④の「アメリカ合衆国28・0%、ドミニカ共和国35・4％」の図を選びました。

問題文にちゃんと「28％はアメリカ合衆国以外」と書いてあります。ですから、「アメリカ合衆国出身」は100－28＝72、72％です。そういう図は②しかありません。

④が誤答だと知ったあとの武田さんの様子が忘れられません。天を仰いで、しばらく反応できなかったのです。そのあと気を取りなおしたように、「問題の日本語がよくない」とぼやいていました。

しかし、その日の番組進行はあくまでも非情でした。

武田さんに同調することなく、司会の東野さんは、アシスタントの現役女子高生に、「君は解けた？」と聞いたのです。すると「はい、両方とも解けました」とにこやかな返事。これでは、古舘さんも武田さんも立つ瀬がなかったことでしょう。そう言えば、別の番組では、ギャル曽根さんが「メジャーリーグ問題」に正解しているところを目撃しました。

「メジャーリーグ問題」は、「偏差値60」くらいの人は正答率50％、「偏差値70」くらいになると90％以上の正答率になる問題でした。「イメージ同定」の能力が「中の上」の人と「上」の人を見分けるのに適したよい問題だったのです。ただ、広く知られてしまったので、現在は「アミラーゼ問題」も「メジャーリーグ問題」もＲＳＴから外しています。

6つ目の分野は「具体例同定」です。「知識や情報を伝達する目的で書かれた自己完結的な文書」を自力で読む上では、テキストや辞書に書かれている「定義文」を読み解き、新しい言葉を獲得する力が不可欠です。具体例同定では、その力を測ります。

問題06をご覧ください。

正解は、①「8」、②「110」、④「0」です。

「0って偶数なの!?」と驚かれた方は少なくないと思います。

偶数・奇数の定義は、すべての小学5年生の教科書に、ほぼこのとおりに書かれています。この問題の正答率は、6年生が一番高く60%です。たぶん、小学校で「0は偶数だか

問題 06 | 具体例同定

Q 次の文を読みなさい。

2で割り切れる数を偶数という。そうでない数を奇数という。

偶数をすべて選びなさい。

①8　②110　③65　④0

らね」と繰り返し先生に言われるからでしょう。つまり、6年生は学校で学んだ知識で「0」を選んでいるのです。

しかし、中学生の正答率は学年が上がるごとに下がり、中学3年生では28％です。教え込まれただけの知識は剥落しやすいことがわかります。誤答を選んだ生徒の約9割が「8」、「110」だけを選んでいます。高校3年間を通じて正答率は改善せず、ホワイトカラーの大人でも3人に2人は間違えます。

「0」を選ばなかった生徒に理由を聞くと、「たとえば、クッキーが0枚だったら、2人で分けられないように、何もなければ分けようがないから」とか、「0は特別な数で、奇数でも偶数でもない」と言います。

定義をもう1度読んでごらん、と言ってもなかなか意見を変えません。興味深いのは、「なぜ、110は偶数だとわかったの？」と聞くと、「1の位が偶数の数は偶数だから」と言うところです。

「だったら、0は偶数じゃないの？」と言うと困った顔をします。この現象は、小学5年生から大人まで同じ土俵で大規模調査ができるRSTが登場して、初めてその実態が明らかになった、数学に関する「誤概念」だと言えるでしょう。2024年に数学教育最大の国際会議であるICME（数学教育世界会議）でこの発見を発表しました。

後述するように、数学の学力テストの結果と、数学の定義を読み解く力には強い相関があります。計算が不得意なわけではないのに数学が苦手、という人は、数学の定義の読み方でつまずいていた可能性が高いでしょう。

定義は、数学や理科の教科書だけでなく、辞書や社会科の教科書にも登場します。RSTでは、定義を読み解く力を「具体例同定（理数）」、「具体例同定（辞書）」の2つに分けて能力を測っています。

次の問題は、高校の社会科の教科書が出典で、中学生以上に出題しています。問題07をご覧ください。

正解は、④「D大学から奨学金を借りた

問題 07 | 具体例同定

Q 次の文を読みなさい。

資金が不足している経済主体と、資金に余裕がある経済主体との間で資金を貸し借りするのが金融である。金融は資金の貸し手と借り手が直接に資金を融通し合う直接金融と、銀行などの金融機関を介して資金の貸し借りを行う間接金融に大別される。

直接金融を利用している主体（人や会社）として当てはまるものを以下の選択肢からすべて選びなさい。

①A銀行に預金している中学生
②祖父母からお年玉をもらったBさん
③C銀行に勤めている人
④D大学から奨学金を借りた人

人」です。

どういうわけか、②「祖父母からお年玉をもらったBさん」を選ぶ人がとても多い不思議な問題です。「お年玉」をもらったBさんは、祖父母にお金を返す必要はありません。「資金が不足している経済主体と、資金に余裕がある経済主体との間で資金を貸し借りするのが金融である」の「貸し借り」が正確に読めていれば、「お年玉」は選びようがないはずですが、なぜか選んでしまう人が多いのです。全体の正答率は21・4％で、中学生の正答率は16・4％、高校生は17・1％です。全体の正答率の低さ以上に驚いたのが、教員の正答率が17・6％で中高生とほとんど変わらなかったことです。

この問題で正解の「奨学金」と「お年玉」の両方を選んで間違えた、ある大人の方が「やはり金融教育が不足しているからですかね……」とおっしゃいました。

いいえ、違います。

その方は大企業で働いています。金融機関に口座を持ち、月々の給料は自分の口座に振り込まれています。マンションを買ってローンを組んでいます。お子さんが、自分の親からお年玉をもらうのも見ているでしょう。そのような経験があるのに、この問題を間違えるというのは、「習っていないから」、「経験がないから」ではなく、「読めなかったから」、「読み方を正しく学んでこなかったから」以外の理由は考えにくいと思います。

具体例同定は、リスキリング時代には、特に求められる能力です。

たとえば、サイバーセキュリティに関するオンライン研修で、悪意ある攻撃の種類として「ランサムウェア攻撃」というのがある、ということを学ぶようなシーンを思い浮かべてください。

オンライン研修ではだいたい最後に「ふりかえりテスト」がありますね。そのとき「以下の5つのうち、ランサムウェアによる攻撃に当てはまるのはどれでしょう」というような問いに答えなければならない、ということがあるでしょう。

つまり、定義文を与えられたら、それを読み解いて、具体例としてどれが当てはまり、どれが当てはまらないかを判断する能力は、すでにビジネスや社内のｅラーニングでも必須となっているのです。

さらに、ＡＩ人材やデータサイエンティストを目指そう、というような本格的なリスキリングに挑戦するなら、専門書や技術文書を読まざるを得ません。そこには、「パラメーター」や「過学習」といった言葉が登場することでしょう。「自己完結的な文書」であれば、初出のところに定義が書いてあるはずです。定義文を読み解けなければ、その先には進めません。パラメーターや過学習は概念ですから、（理解の助けになることはあっても）本質的には、図や動画だけで学ぶことはできないのです。

「シン読解力」が学力を左右する

ＲＳＴについて説明してきましたが、それでも、「こんな、クイズのような問題を解ける能力は本質的ではない」と感じる方もいらっしゃることでしょう。

ですが、ＲＳＴは決してクイズやひっかけ問題ではありませんし、無意味でもありません。実は、ＲＳＴの能力値と学力には強い相関関係があることがわかっているのです。

まずは、ＲＳＴの能力値と全国学力テストの成績との関係についてご覧いただきましょう。

文部科学省が行っている「全国学力・学習状況調査」は名前が長いので、教育関係者の間では「全国学力テスト」や「学テ」と略して呼ばれています。小中学生の学力調査はさまざまな名前で古くから実施されていましたが、学校や地域間の競争が過熱し、反対運動が起こったこともあり、１９６４年にはいったん中止されました。

しかし、今世紀に入り、世界の先進諸国の大半が加盟するＯＥＣＤが加盟国を対象に実施する学習到達度調査（ＰＩＳＡ）で日本の順位が低かった、いわゆる「ＰＩＳＡショック」をきっかけに、2007年に今の名称で復活したという経緯があります。

「RSTの能力値と学力は相関する」と言っても、開発者である私がデータを分析したのでは説得力に欠けますから、まずは第三者の分析をご紹介します。2018年の全国学力テスト（中学3年生）の正答率とRSTの6分野の能力値を分析した、東広島市と広島大学・島根大学の研究グループによる分析です。

研究グループは広島県東広島市内の2つの中学校の3年生187人にRSTを受検してもらい、全国学力テストの成績との相関を調査しました。論文に掲載されている「RSTの6領域のパフォーマンス（能力値）と全国学力調査各領域の成績（正答率）との相関」の表をそのまま引用します（表2-1）。

まず、表の読み方を説明します。

一番上の「係り受け」（係り受け解析）の行を見てください。

左から、.613、.434、.561、.586、.582と書いてあります。

「.613」は「0.613」のことです。この表に書かれている数値は、「相関係数」と呼ばれ、マイナス1からプラス1までの値を取ります。相関係数が正（プラス）の値を取ると、「片方が上がると、もう片方も上がる傾向がある」と解釈されます。RSTの「係り受け解析」の能力値と、国語Aの正答率には「0.613の正の相関がある」ということです。

国語Aの列に注目してください。

上から、.613、.666、.652、.629、.560、.583、.626です。

7つの数値はどれも0・55を超えています。つまり、RSTの6分野7項目のすべての能力値が、国語Aの正答率と0・55以上の正の相関があった、ということを意味します。

表全体を眺めると、すべてのマスに、0.415~0.716までの正の値が並んでいることがわかります。つまりRSTの能力値が高くなると、全国学力テストのすべての教科の正答率が高くなることがわかったのです。

では、その影響の度合いはどれくらいなのでしょうか。

相関係数の基準は、統計の教科書によって

表2-1　RSTの6領域のパフォーマンスと全国学力調査各領域の成績との相関

RST	全国学力調査　正答率				
	国語A	国語B	数学A	数学B	理科
係り受け	.613	.434	.561	.586	.582
照応解決	.666	.500	.555	.613	.563
同義文判定	.652	.518	.593	.595	.597
推論	.629	.484	.629	.606	.626
イメージ同定	.560	.415	.595	.612	.573
具体例同定（辞書）	.583	.418	.585	.566	.591
具体例同定（理数）	.626	.467	.716	.670	.647

（注）数値はすべて1%水準で有意。
（出典）「リーディングスキルテストと学力調査の相関からとらえた読解力に関する研究」間瀬茂夫、富安慎吾（全国大学国語教育学会：第137回仙台大会研究発表要旨集）

少しずつ異なりますが、

（絶対値で）

0・2未満では無相関

0・2以上0・4未満は弱い相関

0・4以上0・7未満はかなりの相関

0・7以上になると強い相関

があると解釈されることが多いでしょう。表2-1の（注）にあるように「数値はすべて1％水準で有意」です。「1％水準で有意」とは「この結果がまったくの偶然の産物である可能性は1％以下」という意味です。

出典の論文中には「（RSTの6つのカテゴリーごとの能力値と、全国学力・学習状況調査の各教科の正答率との間には）全体的に強い相関があることがわかった」と書かれています。RSTの能力値が高ければ高いほど、国語だけでなく数学や理科の正答率も高くなる傾向がかなりはっきり表れたということです。

この結果に私は衝撃を受けました。自分の想定をはるかに超える高い相関係数だったからです。事前の私の予想は、RSTの能力値と全国学力テストの相関係数は0・3〜0・4

くらいではないか、というものでした。異なる能力を測るテスト間の相関係数は、その程度でも十分に「高い」と認識されるものだからです。

ちなみに、2024年度の全国学力テストに関して、文部科学省では、「個別最適な学びと協働的な学びの両方に取り組む児童生徒の方が、各教科の正答率が高く、理解度や自己有用感等も高い」と発表しました。新聞の教育面で大きく取り上げられましたが、相関係数は0・2よりやや高い程度だったそうです。0・2を超える正の相関があれば、大々的に発表するほどの相関なのです。

そんな中、学テとRSTの相関係数は、実施されたどの教科と6分野7項目のどの組み合わせでも最低で0・4を超えていたのです。

現在の学テは、一般的な学力テストとは異なり、PISA的学力観の下、思考力や判断力を問うように設計されています。単純な計算や漢字の知識を問うようなテストではありません。そのため、ドリルやプリント学習をさせても、なかなか正答率が改善せず、どうすれば学テの正答率を上げられるのか、各自治体が頭を悩ませています。

一方、RSTが測定しているのは、基本的に教科書の文章を正確に読解できる力だけです。そのRSTとさまざまな学力を問う学テとの間に、0・4以上の相関係数が並んだのですから驚きです。

学テは思考力や判断力の測定に重きを置いていますが、ふつうの学力テストは、たとえば数学のテストならば当然計算力とか、公式の当てはめなども試します。国語では漢字の読み書きや、古文や漢文の知識も求められるでしょう。

そのような一般的な学力テストと、各教科特有の知識やスキルを問わないＲＳＴとの間にも相関関係はあるのか。広島での調査を皮切りに、さまざまな自治体や研究者が、ＲＳＴと学力テストとの関係を調べ始めました。

そのひとつが大阪市です。大阪市は毎年小学生に「小学校学力経年調査」を、中学生に「チャレンジテスト」を実施しており、独自のデータを持っていました。大阪市は大阪大学などの協力を得て、これらのテストの正答率とＲＳＴ能力値との相関を調べました。やはり、どの学年、どの教科でも、ＲＳＴの６分野７項目との相関係数はすべてで０・５以上と、かなり高い正の相関関係が認められました。

私たちも、埼玉県戸田市で埼玉県の学力調査とＲＳＴの能力値との相関を調査しました。大阪市同様に、どの学年、どの教科でも、ＲＳＴの６分野との相関係数が０・５を超えたのですが、より興味深かったのは、「ＲＳＴ６分野の平均能力値」と各教科の成績との相関の高さです。「ＲＳＴ６分野の平均能力値」とは単に６分野の能力値の平均をとったものです。

RSTは「日本語で書かれた学習言語の読解力」しか測っていないのに、英語ともかなり高い相関が出ています。最も興味深いのが、高校入試の合否を決める全教科の総合点とRST平均能力値の相関係数です。全学年で0・7以上という強い相関が並んでいます。この相関係数の高さは、「シン読解力が学力をほぼ決定している」と言ってもよい結果でしょう。

「ちゃんと読めば誰でも正解できるはず」のRSTは、思考力や判断力を測り、自分の意見を書くことを求める学テとも、知識や教科固有のスキルを問う一般的な学力テストとも強い相関があることがわかりました。

表2-2　2023年度の戸田市のRST6分野平均能力値と埼玉県学力調査との相関

	小6（1186人）	中1（1129人）	中2（1004人）	中3（1016人）
英語			0.673	0.662
国語	0.788	0.741	0.792	0.779
数学	0.729	0.656	0.745	0.717
全教科総合点	0.804	0.745	0.798	0.779

（注）小6と中1は英語のテストは実施されていない。

その秘密はどこにあるのか。次章以降ではその〝謎〟に迫っていきます。

第3章

学校教育で「シン読解力」は伸びるのか？

「シン読解力」は、生まれ持つ才能というより「スキル」だと私は確信しています。たとえば、25メートル泳げるようになるとか、リコーダーで「カッコウ」を吹けるようになるとか、日常会話程度の英語が話せるようになるとか、そういう類のスキルです。

もちろん、泳ぐことひとつとっても、オリンピック選手レベルになる人もいれば、スイミングスクールに通ってようやく25メートル泳げるようになる人もいるでしょう。同じトレーニングを受けても、個人差はあります。でも大事なのは「泳げる」ということです。

では学校教育で獲得するスキルはどうでしょうか。目指すべきレベルを問われたら、「どの教科の教科書も自力で読み解くことができること」がひとつの目安になるでしょう。いつの時代の学習指導要領も、それをミニマムな目標に据えているのですから。

さて、では教科書を自力で読むための「シン読解力」は、学校教育によって向上するのでしょうか。本章ではRSTを受検した50万人のデータから検証していきます。

「シン読解力」で進学できる高校が決まる

毎年、500を超える学校、200を超える企業や団体などがRSTを受検していますが、その中には、「小学5年生から中学3年生まで全員にRSTを受検させる」という自治体がいくつもあります。首都圏の自治体もあれば、地方の小中規模の自治体もあります。その中に、子どもたちが転出することも転入することもほとんどなく、自治体内の小学校から中学校に進んでいるところがいくつかあります。そのデータを使って「シン読解力」が子どもの成長とともに、どのように伸びていくのかを調べてみました。

RSTが、ほかのテストと大きく違うところは、小学5年生から大人までを連続して「能力値」で比較できる点です。ふつうのテストは、「知識の定着」を問うので、習っていないことには答えられず、習った直後の正答率はぐっと上がります。一方、RSTでは、提示文に書かれていることだけを問いますから、ある程度の常識を身につけた小学校高学年以上であれば、誰もが同じ土俵で受検し、比較することができます。

分析した結果、どの自治体もほぼ同じ結果です。小学5年生から中学3年生にかけて、RST6分野すべてで能力値の平均値は上昇しています。ただし、伸び方はゆるやかです。では、高校に入ったあと、「シン読解力」はどうなるのでしょうか。

B県では、2019年から3年間、県内のほとんどの公立高校でRSTを受検させました。とてもよく設計された調査で、初年度は、各校の1年生の1クラスに、次の年には持ち上がった2年生に、最後の年は3年生に受検させたのです。いわゆる「縦断調査」というもので、これによって、3年間のRSTの伸びを見ることができます。

そのデータを私たちも分析しました。その結果、例外なく、どの高校でも、「シン読解力」が伸びていないことがわかりました。

つまり、「シン読解力」は、義務教育段階では、平均的に徐々に伸びるが、高校入学とともに伸びがピタリと止まる、ということになります。

ここまで読むと、「小中の教育はよいけれど、高校教育がダメなんだ」と決めつけたくなりますよね。ところがどうもそうではないようです。

「小学5年生から中学3年生にかけて、RSTの6分野すべてで能力値の平均値が上昇している」ことが確認された自治体のうちのひとつ、A市のデータを例にとって、その伸び方をくわしく見ていきましょう。

RSTの「能力値」は中学2年生の平均を0とした数値です。みなさんになじみの深い偏差値との関係で説明すると、「能力値0」が偏差値でいう50。この0をはさんで「能力値1」が偏差値60、「能力値マイナス1」が偏差値40に当たり、ここに68％の受検者が入ります。以下、「能力値2、マイナス2」は偏差値70と30、ここで95％をカバー。「能力値3、マイナス3」は偏差値90と20、ここで99・7％をカバーします。

図3-1は、各学年の「イメージ同定」の能力の分布を表したものです。小学5年生でも、能力値が1・5（上位6・7％）を超える子もいますし、中学3年生になっても、能力値

がマイナス2（下位2・5％）を下回る子もいます。遠目で見ると、全体的にやや右上がりになっているかな、という感じでしょうか。「イメージ同定」だけでなく、RSTのほかの能力値もすべて同じ傾向でした。

各学年で能力値が広く分布していて、学年が上がっていっても分布の度合いに変化が見られないことを考えると、小学5年生から中学3年生までの「シン読解力」の「平均的な伸び」は義務教育の成果というより、子どもたちの自然な成長の結果ではないかと考えられます。教育の成果であれば、「読めない子」の底上げが起きて、「読める子」と「読めない子」の差が縮まっていくはずだからです。

そして、前述のとおり、高校ではRSTの

図3-1　A市の各学年の「イメージ同定」の能力の分布

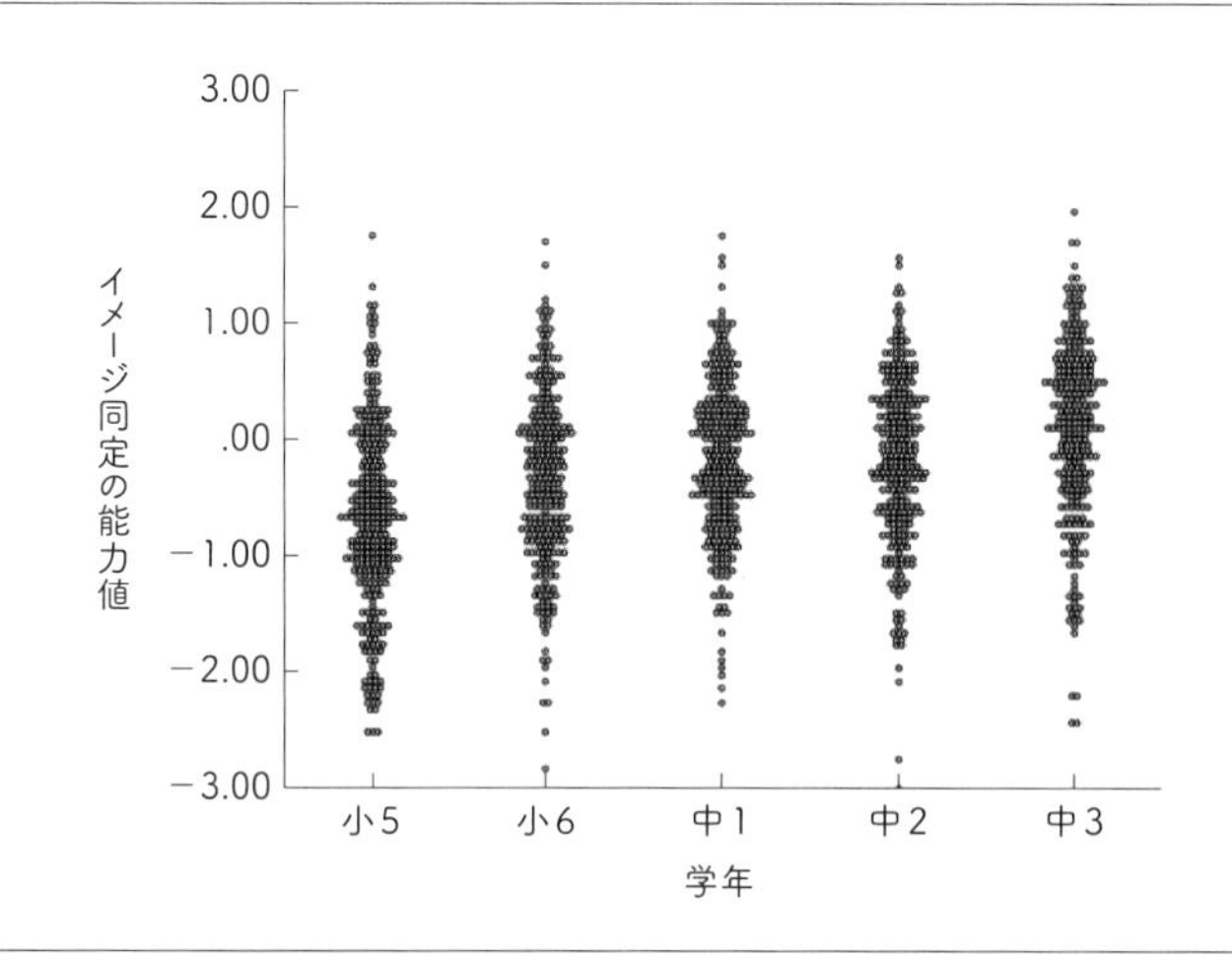

能力値は向上しません。つまり、自然な成長に任せると、「シン読解力」の伸びは15歳くらいでピタリと止まってしまうようなのです。

このデータは、「シン読解力」を改善するノウハウが学校教育に存在していないことを示唆しています。毎年、自治体や500を超える学校がRSTを受検していますから、もしノウハウを持つ学校が存在するなら、小中学校で学年が上がるにつれてRSTの能力値の分布が有意に小さくなったとか、高校生になっても「シン読解力」が改善する学校がある、という報告ができたはずです。

あらためて、A市の中学3年生の分布を見てください（図3－1）。能力値マイナス2以下（下位2・5％）から能力値2以上（上位2・5％）まで広く分布しています。学年が上がっても差が縮まりません。その差が学校教育で「放置」される中で、子どもたちは塾通いとプリント学習に精を出して、高校受験に挑むことになります。

すると、どうなるでしょう。前章でRSTと学力が相関していることをデータで示しましたから、当たり前と言ってしまえば、それまでですが、RSTの能力値の高い生徒が高い偏差値の学校に進学し、RSTの能力値の低い生徒は低い偏差値の学校、あるいは全入の学校に進学することになってしまうのです。それを示した結果が表3－1です。これは、ある高校の1年生のRSTの平均能力値と「家庭教師のトライ」、「高校偏差値.net」が公表しているその高校の偏差値との相関を示したものです。

すべての相関係数が0・8を上回っています。全国学力テストや戸田市の学力テストとの相関係数を大きく上回る、驚くほど強い正の相関です。「シン読解力」が「進学可能な高校の偏差値をほぼ決定している」と言わざるを得ません。

能力値1・5の壁

「シン読解力」が進路を左右するのは高校入試まででしょうか。それとも、その先の人生にまで影響を及ぼすのでしょうか。

B県の調査をさらに深掘りしてみることにしましょう。まず、B県の各高校の偏差値と

表3-1　高校1年生におけるRSTの各分野の能力値の平均と高校の偏差値との相関係数

問題タイプ	高校偏差値.net（N=51）	家庭教師のトライ（N=49）
係り受け解析	0.859	0.822
照応解決	0.875	0.836
同義文判定	0.849	0.822
推論	0.864	0.835
イメージ同定	0.857	0.841
具体例同定（辞書）	0.840	0.836
具体例同定（理数）	0.816	0.827

「RST平均能力値」の平均値の相関係数を調べてみました。入試を控えた高校3年生では、なんと0・89というとんでもなく高い相関係数が飛び出しました。

では、各校の高校3年生の「RST平均能力値」の差はどんな結果を生んだのでしょう。各高校の2021年度の進路状況を調べたところ、さらに非情な事実に直面することになりました。

まず、各校のホームページからこの3年生たちが卒業した年の有名私立大学進学状況を調べました。有名私立大学とは、早慶上理ICU（＝早稲田、慶應、上智、東京理科、国際基督教）、GMARCH（＝学習院、明治、青山学院、立教、中央、法政）、関関同立（＝関西、関西学院、同志社、立命館）を指します。

すると、各高校の「RST平均能力値」の平均と、生徒千人当たりののべ有名私立合格者数がほぼ比例することがわかったのです。相関係数はなんと0・90に達しました。そこそこ長くこの業界でやってきましたが、こんなに高い相関係数を見たのは初めてです。

図3-2のグラフは、横軸に各高校の「RST平均能力値」の平均を、縦軸に生徒千人当たりののべ合格者数をとってプロットしたものです。グラフを左から見ていくと、全体平均が0・8に達するまではどの高校からも有名私大の合格者が出ていません。0・8を

上回るあたりから、合格者がポツポツと出始めることがわかります。さらにグラフの右に行けば行くほど有名私大合格者は増えていき、平均が1・8に迫るような高校では、ひとりで数校に合格する生徒がいるため、「のべ有名私大合格者数」が二千人を超える学校までありました。

ただ、これは高校の平均による分析結果ですから、生徒個人はどれくらいの「RST平均能力値」があれば有名私大合格圏内に滑り込めるのかわかりません。そこで各校の高校3年生の全データを再分析したところ、0・8より下の高校には「RST平均能力値」が1・5を超える生徒がひとりもいないこと、0・8以上の高校（つまり、有名私大の合格者がいる高校）には1・5を超える生徒が必ずい

図3-2　RST平均能力値と有名私大のべ合格者数

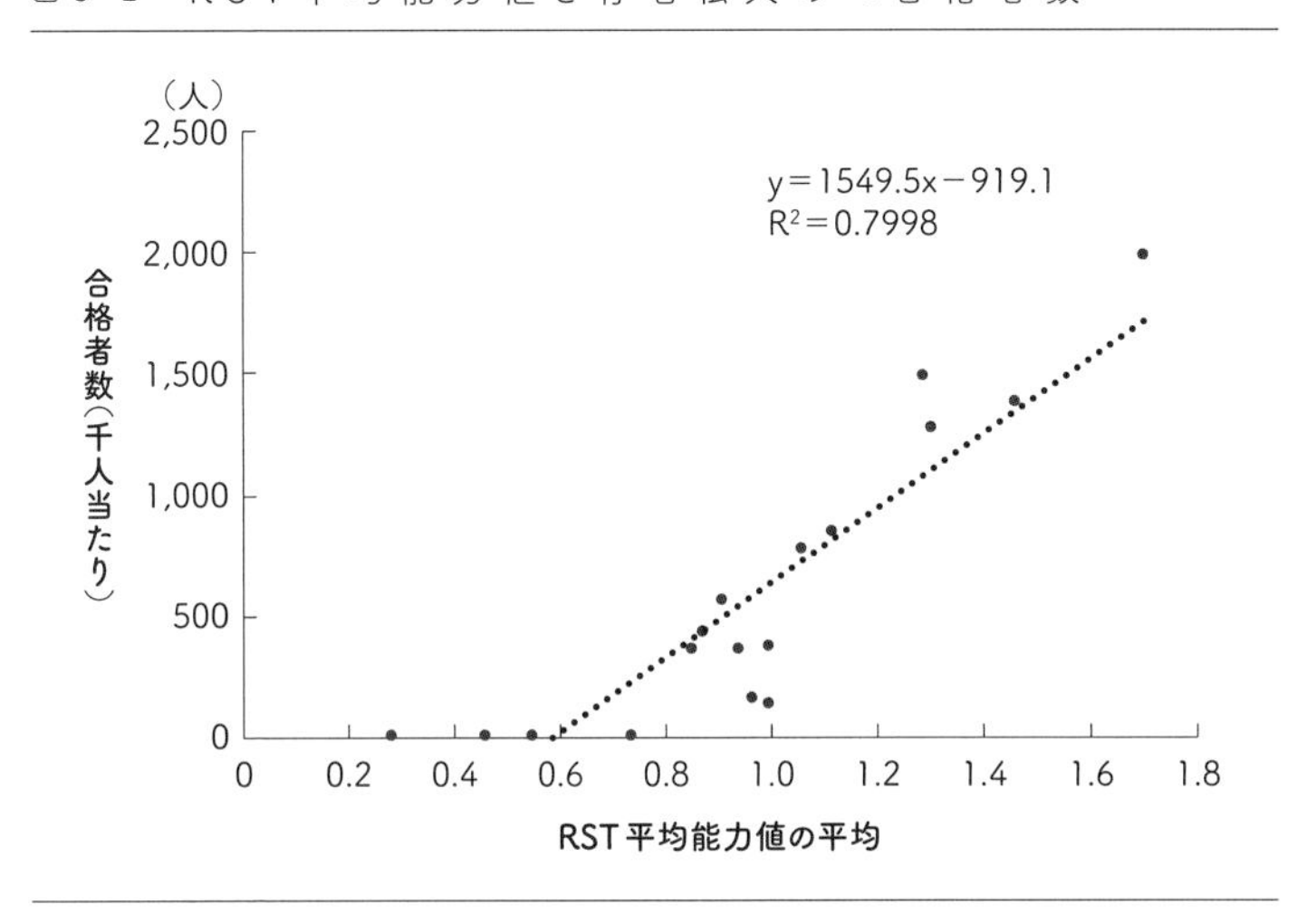

ることがわかりました。どうやら、個人のＲＳＴ平均能力値が１・５を超えたあたりから、有名私立大学への合格可能性が生じるのではないか、というのが私たちの得た推論です。

「ＲＳＴ平均能力値」は、ある分野が抜群によくても、それ以外の分野で負の値がつくと、平均値が１・５を超えません。つまり、ＲＳＴの６分野について凸凹なく能力値を上げないと、大学入試で不利になるようです。

理系文系まんべんなく勉強することが求められる国立大学の入試とは異なり、私大の入試は、学力試験を課さない推薦やＡＯなど多様化しています。にもかかわらず、「シン読解力」に大きな凸凹なく、「ＲＳＴ平均能力値」が１・５に達しないと、有名私大に合格することが難しいのは意外なことでした。

大人になっても残る「シン読解力」の影響

入試さえすませば、もう「シン読解力」は不要なのでしょうか。

いいえ、そんなことはありません。日本薬学教育学会の学会誌『薬学教育』で２０２３年に発表された論文は、薬剤師国家試験とＲＳＴの相関を分析しています。著者は大阪医科薬科大学薬学部薬学教育推進センターの宮崎誠氏で、タイトルは「薬学部学生の読解力と学内成績および薬剤師国家試験成績との関係」です。論文の冒頭に要旨が記載されているので、そのまま引用します。

本学6年次生の読解力を測定し、得られた能力と学内で実施された試験の成績および薬剤師国家試験成績との関係を検討した。読解力の偏差値は中央値が63程度であったが、一部には50に満たない者もいた。5年間の学内総合成績が低い者は『イメージ同定』の能力が低く、国家試験不合格者は合格者に比べて『推論』の能力が低かった。個々の学生の読解力の特徴から、学生を4つのタイプに分けることができた。『推論』、『イメージ同定』、『具体例同定』のいずれもが低いタイプでは5年間の学内総合成績も国家試験模擬試験成績も他のタイプに比べて有意に低かった。以上より、読解力が国家試験の合否に間接的にも影響している可能性が示唆され、薬学部における学生の教育・指導において読解力は考慮すべき基礎能力であると考える。

薬剤師国家試験だけではありません。あらゆる資格試験の合否に「シン読解力」は影響します。たとえば、普通免許の学科試験。警察庁が公表しているデータによれば合格率は80%前後だそうです。つまり、受験する5人にひとりは不合格になっている計算になります。何度挑戦しても不合格の憂き目に遭い、高い検定料を支払っている方もいるでしょう。全国学力テストや大学入試、薬剤師国家試験との関係を考え合わせると、そういう方に不足しているのも、「シン読解力」の可能性が高いでしょう。

倍率が高校のＲＳＴ平均値を左右する

本書を書くにあたり、これまでＲＳＴを導入したあらゆる機関のデータを総ざらいしたところ、たったひとつ、例外的にＲＳＴの能力値が劇的に上がった高校が見つかりました。Ｗ高校と呼ぶことにしましょう。Ｗ高校は首都圏にある偏差値50の中堅校です。２０２２年と２０２３年のＷ高校のＲＳＴの６分野の能力値の平均は表3-2のとおりです。

２０２２年のＲＳＴ平均能力値は０・０９８。中学2年生の平均である０とほとんど変わりません。けれども、２０２３年には０・39に上がっています。中には、ＲＳＴ平均能力値が１・６４５、つまり、「有名私立大学」合格の目安となる１・５を超える生徒も数人見つかりました。

「たった1年でこの上昇ならば、この高校にこそ、シン読解力向上のヒントが隠れているに違いない」と思われるかもしれません。残念ながら、それは早とちりです。Ｗ高校のこのデータは、2022年入学直後の1年生と2023年入学直後の1年生のもので、同じ生徒を比べたわけでもなければ、高校教育を受けた生徒のものでもないからです。

では、この上昇の理由はどこにあったのでしょうか。調べていくうちに原因がわかりました。倍率です。

2022年のW高校の入学選抜の倍率はほぼ1倍、全入に近い状況でした。ところが、あることでW高校がメディアに取り上げられ、2023年は倍率が1・8倍に急上昇したのです。倍率が上がったことで、2023年は「シン読解力」が低い層をスクリーニングアウト、つまり不合格にしたことで、学年全体のRSTの能力値の平均が上がったという残酷な結果がわかりました。

表3-2　W高校のRST能力値平均

	係り受け	照応	同義文	推論	イメージ	具体例	平均
2022年	0.219	0.038	−0.072	−0.028	0.303	0.132	0.098
2023年	0.460	0.281	0.184	0.372	0.605	0.372	0.390

このデータを見つけた私は、現地を訪ねることにしました。この2つの学年を教えている先生方に、生徒たちの印象を聞きたいと思ったからです。

W高校の先生方に「1年生と2年生を比べていかがですか?」と尋ねると、こんなエピソードを話してくれました。

「2年生に比べて、1年生は明らかに指導しやすいです。こちらが言ったことが伝わるという実感があります」

「校外学習をするとき、2年生は集合場所や時間を間違えるとか、場合によっては日を間違えるということがありました。1年生はそういうことがないので、助かります」

「2年生は友達同士のトラブルが少なくありません。LINEのやりとりをきっかけに大喧嘩になったので、私が間に割って入って、何があったのか聞くと、LINEの画面を見せるんです。でも、メッセージのどの部分になぜ腹が立つのか、字面からはまったくわからないし、本人たちも説明できないんです」

RSTは「知識や情報を伝達する目的で書かれた自己完結的な文書」を「自力で読み解く力」を測っています。「知識や情報を伝達する目的で書かれた自己完結的な文書」は、教科書にだけ存在するわけではありません。たとえば、学校が配布する「お知らせ」や修学旅行のしおりもそうです。2022年入学のW高校の生徒の中には、6分野すべての能力値がマイナスで、小学5年生の平均すら下回る生徒がかなりいます。それでは、高校が出す「お知らせ」を正確に読み解くことは難しいでしょう。

そういう子は進路選択でも不利になります。大学入試は、年々複雑になっています。共通テストとそれに続く一般入試だけではありません。推薦入試、AO入試があります。大学に進学する高校3年生の半数以上が、こうした入試で進学先を決めています。一般入試にしても、同じ学校でもA日程、B日程など5種類以上あるのがふつうです。

願書を取り寄せ、自分はどの日程を受験したいのか、そのためにはどんなものを準備しなければいけないか、出願期限はいつか、オンライン出願か郵送か。そういうことを判断するにも、「シン読解力」は不可欠です。それらの書類を自力で読み解けない生徒たちの世話をする先生たちは、どうしても多忙になります。

こうした傾向は、高校にとどまりません。半数以上の学生が、学力試験を経ずに入学してくる大学や、入学倍率が下がった大学でも、もちろん同様のことが起きています。やる気に燃えて入学しても、授業にまったくついていくことができず、1年で退学する学生もいますし、「履修の手引き」を読み解くことができないために、留年したり卒業できなかったりする学生が有名大学でもかなりの数います。AO入試だけでは、大学で学ぶ前提を満たしていない学生をスクリーニングアウトできないことに苦慮した大学の中には、入学の目安としてRSTを導入するところも増えてきました。

中堅校のW校よりもRSTの結果が厳しい学校はたくさんあります。そういう高校で困っているのは先生たちだけではありません。一番困っているのは本人たちです。なにしろ、車の普通免許を取りに行っても筆記試験で何回も落ちてしまうのですから。免許がないと困るような地方に住んでいて、あるいは就職に免許が必要なのに、なかなか筆記試験がとおらない――。本人たちが一番困っているはずです。

学校からの「お知らせ」なんて誰だって読める、間違えるのは「しっかり、ちゃんと」読んでいないからだ、と思われるかもしれません。ですが、中堅校の現状がこうなのです。「シン読解力なんて、誰でも自然に身につくはず」という期待は、「自然に読めるようになった」一部の幸運な人々の傲慢でしかないのです。

平均能力値1・5を超える子って、どんな子？

前述のA市のデータ（図3-1）からもわかるように、小学生の中にも、RSTの能力値が1・5を超える子はいます。塾がないような地域の公立小学校でも、学年90人を超えるような小学校には、ほぼ確実にいます。ただし、小学生は発達途中だからでしょうか、6分野全部でよくできるのではなく、凸凹が大きいことが多いです。たとえば、具体例同定の能力値は2・2あるのに、照応解決がマイナス0・3しかない、といった具合です。中学校でその凸凹を埋めることに成功すると、無理せずに高い偏差値の高校に進学できるようになります。

東京大学合格者高校別ランキング上位の常連校の中にも、RSTを受検している私立中高一貫校があります。そこの中学生のRSTの能力値と解いた問題数とそのうちの正答率の平均は表3-3のとおりです。

能力値平均が6分野すべてで1・5を上回っています。データを眺めたところ、能力値に負の値がついている生徒は見当たりませんでした。RST平均能力値は1・75。すごいですね。しかも、解いた問題数が多いです。

「RSTの能力値が高ければ、この学校に入学できる」と考えるのは短絡的です。ただし、その逆、「RSTの能力値が低いと、この学校には入学できない」ということは言えるでしょう。高度な思考力や判断力を発揮する前に、そもそも問題設定や図表などの資料を速く正確に読み解けなければ、この学校を目指すスタートラインには立てないと考えられるからです。

　中学受験を目指すなら、小学5年生の段階で一度RSTを受検してみることをお勧めします。もし、RSTのいくつかの分野で負の能力値がつくようなら、無理に勉強時間を増やしても成績が伸び悩んでしまうことでしょう。

　そういうときは、第6章以降でお話しするような「シン読解力向上」のトレーニングを通じて、土台作りをしながら、小学5年生から中学3年生まで5年間かけて、「シン読解力」を伸ばした上で高校受験に挑むほうが得策だと思います。

　公立中学校では「シン読解力」や学力が伸びないのではないか、とご心配の親御さんもいらっしゃることと思います。安心してくだ

表3-3　東大合格者ランキング上位の私立中高一貫校の中学生のRSTの能力値

問題タイプ	係り受け	照応	同義文	推論	イメージ	具体例	平均
能力値	1.599	1.746	1.590	1.862	1.863	1.830	1.75
正答／問題数	16／17.5	17.5／19.5	16／17.5	16.5／22	11／16	17／25.5	

さい。ふつうの公立中学、特に全国学力テストの正答率が全国平均を下回っているような学校にもRSTの能力値が高い子はいます。

たとえば、表3-4は、そんな学校に通っていたある中学2年生のRSTの能力値と解いた問題数中の正答数です。

表3-3と見比べてください。有名私立中高一貫校の生徒と遜色ない能力値が並んでいます。「RST平均能力値」も1・75と変わりません。むしろ、正答率は高いくらいです。きっと、小学校ですくすく育ち、特に私立中の受験などは気にせず、友達と一緒に近所の公立中学校に進学した生徒なのではないかと想像します。

先日、校長先生に、この子がどのような進路をたどったかうかがうことができました。

表3-4　学テ正答率が全国平均以下の学校のある中学2年生のRSTの能力値

問題タイプ	係り受け	照応	同義文	推論	イメージ	具体例	平均
能力値	2.101	1.424	0.889	1.724	2.269	2.090	1.75
正答／問題数	12／12	9／10	13／16	13／14	10／10	10／12	

やはり、東京大学合格者高校別ランキング上位の公立トップ高に進学していました。自分の「シン読解力」を信じて、自分らしい道を切り拓いていってほしいと願っています。

実は、この中学校は、ＲＳＴを導入するまでは、トップ高への合格者を出したことがありませんでした。最初に学校を訪問したときのことを鮮明に覚えています。「3年でトップ高に合格者を出しましょう」と言った私に、当時の校長先生は苦笑しながら、「いえいえ、うちの中学では到底無理です」と答えたのです。

ですが、先生方が先入観を捨て、データで正しく子どもの能力を見極め、適切なときに適切なトレーニングをしたことで、トップ高へ進学する生徒が出現したのです。この中学校では、このあと、毎年トップ高へ進学者を出しています。この生徒だけが特殊な例外ではなかったのです。

「もっと、ちゃんと、しっかり読みなさい」

ＲＳＴを受検した50万人のデータを分析して明らかになったことを、改めて整理しておきましょう。

1. 中学3年生までは、成長に従ってある程度は自然に「シン読解力」は伸びるが、高校に入学する15歳前後を境として、伸長は止まってしまう。
2. 小中高校とも、学校教育によって「シン読解力」が向上しているとは言いがたい。特に、高校ではどの偏差値帯でも、また公立・国立・私学の別なく、入学後は「シン読解力」が向上していない。
3. 高校受験も大学受験も「シン読解力」、特に「RST平均能力値」が決め手になる。有名私大合格圏内に入る指標は、RST平均能力値1・5と推定される。
4. スクリーニングの厳しさ（入試の難易度と倍率）によって、高校のRST平均能力値は決定される。

身も蓋もない結果で恐縮です。

学校教育が「シン読解力」を決める、それは先生たちの熱意や工夫であり、保護者と先生方のコミュニケーションや、一人ひとりの子どもにいかに寄り添うかで決まる、と書けたらどんなにいいかと思います。

でも、データがそれを許してくれません。私は科学者ですから、データからわかったことを、淡々とお伝えするだけです。

それにしても、なぜ、おしなべてどの学校でも「シン読解力」は育たないのでしょう？

教育学者や新聞の教育面は、学校とそれをとりまく環境に原因を求めるかもしれません。教師の多忙さ、国が教育に割く教育費の対GDP比の低さ、子どもの相対的貧困率の高さ、読書時間の減少、あるいはほかの先進国に比較したときの学校でのIT活用の低さなどでしょうか。

私にはそう思えません。これらの仮説はどれもデータと矛盾するからです。

では、原因はどこにあるのでしょう。

私は、こういうとき、まずふつうの人の行動をリアルに思い浮かべ仮説を立てた上で、徹底的に観察し、ヒアリングすることにしています。

みなさんも、お子さんや部下や同僚と接するときのことを思い浮かべてください。

子どもが学校の「お知らせ」を読み飛ばして忘れ物をしたり、算数の文章題で問題設定からかけ離れた式を書いて50点を取ってきたとき、あるいは、部下が手順書の一部を勝手に省いたり、指示した提出物がいくつか欠けていたとき、何と言って注意しますか？

「もっと、ちゃんと、しっかり読みなさい」と言いませんか？

そうなんです。小中高校、大学の先生に聞いても、人事部の方たちにヒアリングしても、ほぼ全員がそう答えます。誤読しようがない説明文を誤読した人にできるアドバイスは「ちゃんと、しっかり読みなさい」以外、実は存在していないのです。そして、誤読の理由を「うっかり、やる気がない、まじめに読んでいない」など、性格の問題だと考えているようです。

行間を読む方略は、国語教育で題材をさまざまに変えて繰り返し指導されます。一方、書かれていることをそのとおりに読む方法は、「誰だって真面目に読めば読めるはず」だとみなされ、顧みられてこなかったのです。つまり、「シン読解力」を培うための教育手法がこれまで存在していなかったのだから、学校教育やＯＪＴでは「シン読解力」が上がらなかったのは当然ではないでしょうか。

「シン読解力」は、子どもの成長にともなう自然な伸びに委ねられてきました。何かの偶然によって、たまたま発達と環境と素質がかみ合った子は、無意識のうちに高い「シン読解力」を身につけます。「シン読解力」が高ければ、投資した時間に比例して成績が伸びます。その成功体験が読解への自信につながり、さらに高度な文書を読み解いていけるようになります。

一方、そのような偶然にめぐり合えなかった場合、小学校中学年以上になると、「時間を投資しても成績が伸びない」教科が必ず出てきます。計算は決して苦手ではないのに、文章題を式にすることができないのは、その典型例です。計算は全部丸がついているのに、文章題を間違えて70点というパターンです。

すると、先生も親も「もっと、ちゃんと、しっかり読みなさい」と言います。それが具体的にどういうことかわからなければ、多くの子は、例題にたくさんあたり、パターン化して解こうとします。ＡＩと似た方法ですね。その方法だと「外れ値」に出くわすと、失敗します。しかも、人間はＡＩほど大量のデータを学習することはできないので、精度は低いのです。

たとえば、こんな話があります。フランスのグルノーブルにある「数学教育研究所（ＩＲＥＭ）」では、7歳から9歳の子どもたちにこんな文章題を解かせたことがあります。「船の上に26匹の羊と10匹のヤギがいます。このとき、船長は何歳でしょう？」

すると9割以上の子どもたちが「36歳」と答えたというのです。よくわからないけれど、2つの数字があるのだから足してみた……ということでしょう。意味を理解せずにパターンで解いていると、普段目にしないような問題（外れ値）に出くわしたとき、あり得ないような解答をしてしまうのです。

第4章

「学習言語」を解剖する

あらためて繰り返します。誤解されることが多いので、何度でも繰り返します。

RSTでは、「知識や情報を伝達する目的で書かれた自己完結的な文書」を「自力で読み解く」力を測っています。

そのような文書の最大の特徴は、解釈がひとつしかなく、書かれていることを正しく読む能力がある人ならば、「誰が読んでも同じ解釈」となることです。ひとつしか解釈がないような文書は読み手にとって退屈かもしれません。けれども、だからこそ、一つひとつの文は単純でも、それらを積み上げることによって、いくらでも複雑な抽象概念を構築することができます。

一方で、日常の会話や文学では、「誰が読んでも（聞いても）同じ解釈」になるとは限りません。

「どうして？」のような言葉ひとつとっても、単に理由を聞いているのか、「そんなことは言わないでほしい」と懇願しているのか、拒否しているのかなど、文脈や関係性によって、また文が発せられる際の声の音質、顔の表情などによっても意味が変わります。

また、文学作品などでは「卑劣な」、「空虚な」のような価値判断を示す表現や、「空前絶後の」、「あらゆる」のような表現が、検証不能な形で使われます。

言葉にはそのような機能が備わっているのですから、もちろん、そのように使ってよいのです。それこそ言葉の豊穣さである、とも言えます。ただ、そのような言語表現は残念ながら「積み上げ」には向きません。

学校での教育で使われている言語、つまり教科書で使われている言語を「学習言語」、日常会話などで使う言語を「生活言語」と呼んで区別することがあります。

RSTで測定しているのは、「学習言語」の中でも、特に「正しく解釈しさえすれば、誰もが同じ認識にたどり着ける」ことを前提とした文書を読み解く能力です。「学習言語」から「国語が扱う題材」を差し引いたもの、と考えていただくとよいかと思います。「生活言語」と「学習言語」が異なるものらしいということは、かなり昔から認識されていました。

南米に、路上で物売りをして小銭を稼ぐ貧しい少年たちがいました。彼らは3桁や4桁の数の引き算ができ、かつ売り上げの何割を元締めに渡すかといった割合算をこなしていました。ところが、彼らを学校に入れたところ、2桁の足し算も「学校で教えたやり方」ではできなかったのです。類似の現象は、アフリカやインドなどでも見つかったことから、生活の中では経験や知恵で発揮できる能力を、学校では発揮できないことがある、ということは広く知られるようになりました。

RST受検者の能力値の分布の広がりが示すとおり、「ちゃんと、しっかり読みましょう」という指導だけで、なぜかシン読解力を自然に獲得できてしまう人がいる一方で、高校を卒業する年齢になってもうまく習得できない人がいます。特に不思議なのは、小学生までは元気で明るく、先生とのコミュニケーションも円滑、クラスのリーダー格だったような子が、中学に進学した途端に学習につまずき、自信を失うという現象が頻繁に観察されることです。

小学校までスムーズに過ごしてきたのですから、学習障害があるとは考えにくいです。思春期で心が不安定になるからだろうと、これまでは考えられてきました。もちろん一人ひとり異なる原因があるでしょう。ただ、ＲＳＴの評価と学力との相関関係の強さを考えると、「生活言語」は獲得できたのに「学習言語」の習得に失敗したことが主な原因ではないか、そんな子がたくさんいるのではないか、と私は考えるようになりました。

多くの人は「そんなことを言っても、教科書は日本語で書かれているのだから、日本語が読めれば自然に教科書も読めますよ。あとは本人の意欲と関心の問題でしょうね」などと言います。全国学力テストの成績と「本人の意欲関心」に関するアンケート結果には相関がないと言うと、今度は「気の毒だけど、どれくらいのお金を教育にかけられるか、あるいはＩＱとかＤＮＡで決まるんじゃないですか」と言います。

本当にそうでしょうか。

摩訶不思議な「数学語」の世界

小学校高学年から高校入学までのどこかで、「どんなに努力しても数学だけはダメだから、絶対に文系に行くしかない」と固く思い込んでしまう人は少なくありません。私もそのひとりでした。高校を卒業するまで一番嫌いな教科は数学でした。消去法で一橋大学の法学部に進学しました。

成績はそこそこよかった、国語の成績は文句なかった、本もたくさん読んだ、意欲関心もあるのに、数学（と体育）はダメ、という状態でした。タイムスリップできたなら、数学ができないことに悩んでいる高校生の私に、「あなたは数学が苦手なわけじゃない。国語の力で無理に数学を読もうとして失敗しているだけよ」と言ってやりたいですが、たぶん、高校生の私は耳を貸そうとしないでしょう。

その「高校生の私」に見せたいものがあります。次のページの問題01です。

問題文に出てくる数学用語らしきものは「平面」、「円」、「交わる」くらい。どれも難しい用語ではありません。

この文には3つの条件が書かれています。

1. 平面上にいくつかの円がある。
2. どの2つの円も異なる2点で交わっている。
3. どの3つの円も同一の点で交わっていない。

この3つの条件をすべて満たすものを選ぶ、という問題です。

ヒントを差し上げます。条件を満たさない図はひとつだけです。

高校生の私は、迷わず選択肢①の、円がひとつだけの図を除外するでしょう。なぜなら円がひとつしかないのですから、条件2の「どの2つの円……」、条件3の「どの3つの円……」を満たすわけがないからです。みなさんもそうお答えになるのではないでしょうか。

問題 01

Q 以下の文の条件に当てはまる図をすべて選びなさい。

平面上にいくつかの円がある。どの2つの円も異なる2点で交わり、また、どの3つの円も同一の点で交わっていない。

① ③

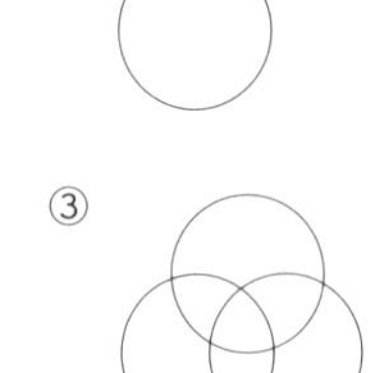

②

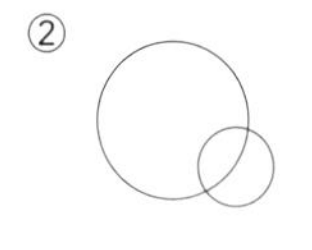

④

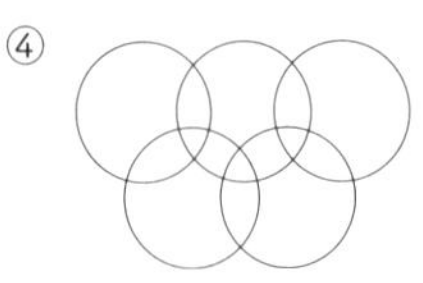

ところが、これが不正解なのです。

「なぜ?・」と思われたことでしょう。それがふつうの反応です。正解がわかったとすれば、それは特殊な人たちです。

ポイントはまず「いくつかの」という言葉にあります。生活言語ではふつう、「いくつかの」は2つから6つくらいまでの少ない複数を意味することが多いでしょう。けれども数学では、「いくつかの」というのはひとつ以上、場合によっては0以上のあらゆる整数を意味します。したがって、ここで「いくつかの」と書かれていれば、円がひとつであっても条件1を満たします。

次に条件2はどう読み解けばいいのでしょう。数学では、「どの2つの円も異なる2点で交わっている」という文の「どの」は、「2つ以上円があるなら、そのどの2つの円も」という意味です。そして、2つ未満しか円がない場合、つまり円がひとつしかなければ、なんと「自動的に条件を満たす」ことになります。同様に条件3の「どの3つの円も」は、「3つ以上の円があるなら、そのどの3つの円も」という意味です。したがって、3つ未満しか円がない場合、つまり円がひとつ、あるいは2つしかなければ、やはり「自動的に条件を満たす」のです。

よって、円がひとつしかない選択肢①は条件1、2、3のすべてを満たします。円が2つある選択肢②、円が3つある選択肢③はどうでしょう。やはり条件1、2、3を満たしています。

残るは選択肢④ですが、上部の3つの円をよく見ると、右端と左端の円は「異なる2つの点で交わって」いません。したがって、「どの2つの円も異なる2点で交わっている」という条件2は当てはまりません。つまり問題で示された条件に当てはまらないのは選択肢④だけということになり、正解は選択肢①、②、③となります。

高校生だった私に、今の私がこのように説明したら、彼女はきっと目をつりあげてこう言うでしょう。

「そんなこと、一度も教えてもらったことない!!」と。

腹を立てるのはもっともです。実際、私はこの読み方を教わった記憶がありません。私だけではないはずです。いろいろな場でこの問題を見せましたが、誰一人として解ける人がいませんでした。ごく例外的に大学で数学を学んだ人だけが解けるのです。

これはもはや知能や才能の壁ではありません。「言語」の壁です。

「どの2つ」といったら2つなければおかしい、というように強い違和感を抱く方はたくさんおられると思います。第2章で紹介した「偶数問題」でも、「0はなにもないのだから、どうやって2人で分けるというのだ。0÷2＝0などという式はそもそもおかしい」と納得できないままの方もいらっしゃるでしょう。

もしも「生活言語＝学習言語」だったり、学習言語がひとつしかなかったりするなら、そのとおりだと思います。「それはおかしい」という意見に軍配が上がります。けれども、それぞれの分野の到達目標のために、生活言語の言葉を借りて、学習言語を生み出してきたと考えてみたらどうでしょうか。

数学では、「名づけ」のルールも生活言語や国語とは違います。小学3年生の算数に出てくる次の文章を読んでみてください。

「2つの辺の長さが等しい三角形を二等辺三角形という。また、3つの辺の長さがどれも等しい三角形を正三角形という」

では、お尋ねします。正三角形は二等辺三角形ですか？

生活言語や国語では、「正三角形は二等辺三角形ではない」というのが通常の解釈だろうと思います。けれども、算数では「正三角形は二等辺三角形でもある」が正解です。3つの辺の長さが等しいなら、当然そのうちの2つの辺の長さは等しく、2つの辺の長さが等しい三角形は二等辺三角形だからです。

いったい、数学はどうしてそんな変なルールを作っているのでしょうか。理由は簡単です。定理と証明をなるべくシンプルに（きれいに）整理するためです。

たとえば、二等辺三角形に関する重要な定理を発見したとしましょう。それを証明すれば、ただちにその定理が正三角形にもあてはまることが担保されたら、正三角形についても、その重要な定理があてはまることを証明する手間が省けます。でも、もし、「正三角形は二等辺三角形である」ではなく、正三角形と二等辺三角形が別々の図形であると定義されていたら（そんなことはありえませんが）、二等辺三角形で証明した定理を、正三角形でも証明しなくてはならなくなります。

「どの」もそうです。「どの組み合わせ」についても成り立っていたら、「これについて成り立っている」、「あれについても成り立っている」と列挙しなくて済みます。数学にとっては「どの」は、話をシンプルにするための必須の言葉なのです。

私は、大学に入ってから「いくつか」や「どの」などの数学語の読み書きを、松坂和夫先生に3年かけて指導していただきました。私が松坂和夫先生から受けた数学語の指導は「型通りに読み書きをする」ということでした。才能やひらめきに頼らず、まず問題文に忠実に型に従って読み書きしなさい、というのです。証明の1行目の最初の言葉から直される、というような修行僧のような日々が最初の2年続きました。

数学語の読み書きに不自由しなくなったなと思う頃には、私は数学者の道を歩み始めていました。そこで培ったスキルで、私は還暦まで「食べていく」ことができたのですから、心から感謝しています。

つまり、体系立てて数学語の読み書きを教える手段はある、しかも18歳を過ぎてから始めても決して手遅れではないのです。

とは言え、3年の時間をかけて学ばなければ数学語は身につかないのか、実生活でそんな必要があるのか？　という疑念を持たれるのではないでしょうか。

ここで紹介した数学語のケースは、生活言語との違いを示すための、きわめて特殊な例のひとつです。こうした特殊例をマスターしなければならないと言いたいわけではないので安心してください。

「社会科語」はちょっとずるい

数学語は学習言語の極北だとして、さすがに文系分野ならば、そこまで生活言語とかけ離れていることはなかろう、と思うかもしれません。ところが、そうでもなさそうです。アメリカでは今、「歴史」の記述は生活言語とは違う、という研究がさかんに行われています。「歴史よ、お前もか！」だったのです。

いろいろな教科書を並べてＲＳＴの作問をしているうちに、どうも理科と社会科は言い回しが違う、ということに私も気づきました。

理科の典型的な言い回しはこうです。

「てこを使っておもりを持ち上げるとき、支点と作用点の間の距離を短くすると、小さい力でおもりを持ち上げることができます」

「～とき」、「～すると」のように、条件や理由、原因を明確に書こうとするのが理科の記述方針のように感じます。

一方、社会科は理由を「におわせる」書き方をすることがあります。多用されがちなのが連用中止法です。連用中止法というのは、「よく遊び、よく学べ」の「遊び」のように、述語を言い切らずに切ってしまい、次につなげる用法のことです。しかも、連用中止法は、理由を示す場合と、単なる並列の場合があります。たとえば、次の文を読み比べてください。

①「山形は盆地が多く、夏は暑い」

②「山形は盆地が多く、花笠まつりで有名だ」

①の文は「山形には盆地が多いため、夏は暑い」と読み解くことが期待されている文章です。②の文は間違いなく並列でしょう。盆地が多いから花笠まつりが有名になったわけではないからです。「山形は盆地が多い。また山形は花笠まつりで有名だ」の2つの文を並べた文章です。同じ文型でも、意味が異なるのです。

社会科の文脈知識が足りない子が読むと、なかなか読み分けることができないでしょう。一方、社会科の教科書を読み慣れている教員は、「自然に」読み分けているので、説明を怠りがちになるわけです。

歴史の教科書になると、「～ので」、「よって」、「だから」など、原因を明確にする記述はほとんど見られません。事実が淡々と書き連ねられていくので、何をどう読んでいいかわからない、という生徒は少なくありません。特に因果関係で読み解くのを得意にしている理系の生徒にそういう傾向があります。因果関係には諸説あることが多いため、教科書では事実の羅列にならざるを得ないのでしょう。

第2章でRSTの「照応解決」問題として紹介した「劉邦問題」の文章を改めてご覧ください。

> **前202年、農民出身の劉邦が中国を統一して漢を建国し、郡県制と封建制をあわせた郡国制を採用した。前2世紀の武帝の時に最盛期をむかえ、朝鮮半島やベトナム中部にまで支配を広げ、また北方の匈奴をやぶった。**

「建国し」、「むかえ」、「広げ」と連用中止のオンパレードになっています。歴史の文体を読み解けないと、キーワードごとの単文での暗記しかできなくなるでしょう。

それで大失敗したのが、東ロボくんでした。まさに、単文暗記に頼って東大の世界史600字の記述式に挑戦したのです。採点した代ゼミの世界史の先生から「知っている歴史的事実をただ書き並べればよいというわけではない」、「世界史の文脈を捉えた記述を心がけるように」と毎年厳しい指導を受け、うなだれました。東ロボの母として息子の肩を持つわけではありませんが、東ロボくん的には、「えー、教科書だってそうじゃん」と反論したくなったのではないでしょうか。

物理と生物は言いたいことが違う

では、同じ教科であれば、文法や文体は同じなのでしょうか。そうではない、と私は考えています。

そのことをみなさんに考えていただきたいので、「悪文だ！」との批判が殺到した「アミラーゼ問題」を改めて読み解いてみようと思います。第2章でご紹介したあの難問です。

> **アミラーゼという酵素はグルコースがつながってできたデンプンを分解するが、同じグルコースからできていても、形が違うセルロースは分解できない。**

これは高校1年生が学ぶ、生物学の入口である「生物基礎」に登場する文章です。

この文、いったい何を言いたいのだと思いますか？「こんな悪文、読めなくていい」と言わずに、少しおつきあいください。

平均点が例年に比べて10点以上も下がったということが話題になった2024年度の中学国語の全国学力テストでは、園池公毅さんという植物学者による『植物の形には意味がある』の一部が出題されました。そこには、普遍性を目指す数学や物理学とは異なる、多様性を扱う生物学について、以下のように綴られています。

生物学とは違って、数学や物理学、それに化学の一部は、普遍性の学問です。1＋1は誰にとっても2ですし、鉄がたまに金の性質を示す、というようなことはありません。鉄は鉄、金は金です。（中略）しかし、生き物を扱っていると、そのように単純に物事は進みません。（中略）植物は光合成で生きています、といった途端にナンバンギセルなどの寄生植物は違うだろうという突っ込みが入ります。植物の多くが緑色の葉をもって光合成をしているのは事実であって、それは植物の本質的な生き方を反映しているのですが、その本質にさえ、例外はあります。

酵素の働きのような本質的なことについても、一筋縄ではいきません。「この物質でできていれば、この酵素で分解できる」というように、物事が簡単にかたづかないのです。そのことを強調するために「アミラーゼ文」は書かれたのでしょう。つまり、「酵素で分解されるか否かは、どんな物質でできているかだけでは決まらない」ということを伝えるためのわかりやすい例として、アミラーゼとデンプンとセルロースの関係を取り上げたのです。そう考えると、なかなかほかでは代替できない、よく練られた文だと感じます。

このように理科の中でも、分野によって「解き明かしたいこと」は異なります。したがって、学習言語の書かれ方もおのずと変わるのです。

先日、とある医学系の学会で「アミラーゼ問題」とその正答率を紹介したところ、会場からどよめきが起こりました。生物系の学習言語で学んできた医師たちにとっては、『アミラーゼ問題』を読めない人がいる」という事実そのものが、驚きだったようです。

専門家は、その専門分野の言語につまずくことなく、学び続けられた人たちばかりです。大学時代から、その学習言語にどっぷり浸かって仕事をしています。同僚たちもみなそうです。そういう環境にいると、自分たちが使っている言葉が、生活言語とも、ほかの教科の学習言語とも異なる、独特な学習言語だという意識を持つ機会がありません。ふつうの日本語で書かれた、誰にでも読める文章だと無意識に思ってしまうのでしょう。

そして、教科書を執筆しているのは、もちろん、そのような各分野の専門家です。その結果、「読める人は読めるが、読めない人は読めない」教科書ができあがってしまうのでしょう。では、それらを「生活言語」に、あるいはマンガや動画に置き換えられるかというと、そうはいきません。それができるくらいなら、最初から学習言語など生まれません。数学の「どの2つ」の読み方同様、必然性があって各学習言語は成立したのです。となれば、「学校で」これらの教科書を読めるようにする以外にありません。

学習言語の「マルチリンガル」になる

いかがだったでしょうか。

生活言語と学習言語は違う、しかも、学習言語は教科の数だけあるかもしれない、と実感していただけたのではないでしょうか。

2種類以上の言語の間で「切り替え」が起こることを、専門用語では「コードスイッチング」と言います。たとえば、日英のバイリンガルは、日本語で話すときには日本語モードに、英語で話すときには英語モードになっている、というようなことが言われています。

子ども、特に小学校高学年以上では、授業ごとに別の学習言語で学ぶことになります。各教科（場合によっては各単元）の学習言語間のコードスイッチングができる子は、相対的に「シン読解力」が高くなるに違いありません。

社会科の連用中止を、文脈に応じて「〜ので」と「そして」に読み分け、数学では、「どの」や「いくつか」を生活言語や国語から切り離して読み解ける。そういう子は、教科書さえあれば、自力で学べるはずです。

ただし、「言語を獲得する」と言ってもさまざまなレベルがあるでしょう。中学・高校・大学と英語の勉強にはだいぶ時間を投資したけれど、ペラペラになった実感もないし、いまだに冠詞をつけるべきか否か、複数形にすべきかどうかに迷うという人は少なくないでしょう。私なんて、アメリカに5年半も留学したくせにいまだにそうです。

これだけ投資しても英語も覚束ないのに、全教科の学習言語を身につけるなんて……と思うと、絶望的な気持ちになりますよね。

でも、大丈夫。そんな状態を目指さなくてもいいことがわかっているからです。

ここまで、RSTと各種学力テストや進路との関係についてデータを示してきました。RSTは知識を問わないテストです。教科書や新聞から出題する場合は、段落の冒頭の1文や、見出しが使われることが多いです。そして、文の長さは200字程度に過ぎません。そこをスムーズに読みこなせるなら、学習言語の基礎はどの教科もだいたい身についていることがわかります。

「数学語」に関して言うと、①定義を正確に読める、②例題と基本問題について問題文が何を言っているかわかり、③そこから立式できる、というところまでできれば、あとは投資する時間と努力で、高校数学どころか、AIエンジニアになるためのリスキリングも決して夢ではありません。

スムーズにコードスイッチングするコツは、「生活言語の常識を必要以上にひきずらないこと」でしょう。「カリフォルニア大学はUniversity of CaliforniaなのになぜΕ東京大学の英語名称はThe University of Tokyoで、京都大学はKyoto Universityなの？」と悩んでみても始まりません。

もちろん疑問を持つのは決して悪いことではありません。言語間の差を意識することは、言語を獲得する上でプラスに働くからです。けれども、一方の言語との整合性にひきずられてしまうと、そこで新しい言語の獲得がストップしてしまいます。むしろ言語の差を楽しむのが、マルチリンガルへの近道です。

「学校では生活言語とは異なる学習言語で教えている。各教科にはそれぞれ異なる学習言語がある」と意識づけることには、もうひとつの大きな意義があります。

それは、教員に自覚を促すためです。「誰でもふつうにわかる言葉で授業をしている」と思えば、「なんでこんなこともわからないのか」とか、「これがわからないようでは手の打ちようがない」という気持ちになります。一方で、「数学語はほかの言語と違うので、獲得するのがそもそも難しい」という認識に立てば、「まずはしっかり定義の具体例を挙げさせて、どれくらい読めていないか確認しながら進もう」と考え方を転換できるようになるでしょう。数学教育研究でも、その認識がスタンダードになれば、当然、「数学語の獲得」という観点からの研究や実践が増えていくことでしょう。

お子さんの中学受験の支援をするときも同じです。中学受験の家庭学習で、お父さんお母さんが、子どもの勉強を見てあげることがあります。ところが、解き方以前に、わが子が問題文の内容を読めないと、「どうして⁉」とパニックに陥り、「なぜちゃんと読まないの？　しっかり読めばわかるでしょう」と感情的に叱ってしまい、逆効果になることがあります。むしろ、不得意な教科を一緒に勉強し直してみようかな、というくらいの気持ちで伴走するほうがよいのかもしれません。

自分がスラスラ読める文章を、なぜほかの人が読めないかを想像するのはとても難しいものです。――ＲＳＴを毎年受検させる意義はここにあります。体力測定や健康診断のように、学習言語の読みの熟達度や、コードスイッチングのスムーズさを毎年測ることで、指導する側が教え方を調整したり、人事担当者が社員研修を計画したりする際の「よすが」にしていただけたら、開発者冥利に尽きます。

第5章

「シン読解力」の土台を作る

前章で学習言語の性質や特徴の解剖を試みました。

1．生活言語と学習言語には顕著な違いがある。
2．生活言語を獲得しているからといって、自動的に学習言語が習得できるわけではない。
3．一口に学習言語と言っても、教科によってその特徴はさまざまである。
4．教科ごとに学習言語が異なると意識しながら教えたり学んだりすると効果的。

の4点については、ご理解いただけたと思います。

かつて、教育学では、生活言語と学習言語の区別をそれほどつけませんでした。同じ「日本語」を使って書かれているのですから、漢字と学習用語さえ教えれば学習言語は身につくものと信じられていたのです。

けれども、最近は生活言語と学習言語の差に注目する研究が徐々に増えています。さらに、教科間の学習言語の差も次第に注目されるようになってきました。それでも、まだ、生活言語を獲得した上で学校に通えば、発達に応じて自然に学習言語も身についていく、と考える人が圧倒的多数です。その結果、習得に差が生まれるのは「個人差」なので、どうしようもないというのが「常識」です。

つまり、「教科書が読めない子どもや読めない人たちがいるのはしかたがない」は「常識」なのです。

私は、この「常識」に挑もうと思います。

学習言語習得の「個人差」は体系的なトレーニングによって埋められる、というのが私の信念です。全員が完全に同じレベルには達しないでしょうが、それぞれが「困らない程度」には習得できるはずだと信じています。

とは言え、学習言語を習得するのはそれほど簡単なことではありません。少なくとも、学校教育で有効な指導法が確立されていない現状では、容易ではありません。50万人のRST受検者のデータがそれを如実に示しています。第7章「新聞が読めない大人たち」で詳述しますが、大学生や社会人でも、新聞の記述を正確に読み解くことができない人は決して少なくないのです。運転免許の筆記試験や、さまざまな資格試験で苦汁を舐める人が少なくないことも、それと無関係ではないはずです。

バックキャスティングで教育すべき内容を決める

最初にあるべき未来の姿を描き、そこから逆算して現在すべきことを考える思考法をバックキャスティングと言います。教育はまさに「どのような人材を育てたいか」から逆算して、今すべきことを決めていきます。

ただし、いくら「このような人材を育てたい」と思っても、無理なことが多々あります。その筆頭に挙げられるのが、「天才を育てる」ことです。その字の如く「天が授けた才能」あってこその天才です。教育によって天才を生み出すことはできません。教育プログラムと本人の努力でなれるのは、天才ではなく秀才です。

もうひとつ、最近話題になっている教育のバズワードに「非認知能力」があります。知能テストや学力テスト、運動能力のように測って数値化できる能力を認知能力と呼ぶとき、それ以外の、つまり数値化できない能力を非認知能力と呼ぶようです。

非認知能力というと、優しさややる気のようなものに注目が集まりがちですが、帰属意識の高さと独立心、あるいは危険なことにひかれる傾向とそれとは逆の慎重さなど、相反するタイプの能力もそれぞれ非認知能力です。

非認知能力が高い人を育てることを教育目標のひとつとして掲げることには反対しませ

ん。思いやりや友情を育み、責任感などを持たせることに異論はありません。ただ、なにしろ測れない能力なので、どのような教育が非認知能力を高めるのか判断のしようがないことは問題です。それを教員個人が主観で評価することは、果たして適切なことでしょうか。各先生が、「非認知能力こそが21世紀には必要な力だと専門家も言っています。私は認知能力より非認知能力を重要視して教育をしていく」と言い出して、それぞれが「これこそが大切な非認知能力だ」と考える能力を評価しだしたら、教育に公平性や中立性が失われ、さらに言えば、子どもの精神的自由を侵害することにならないでしょうか。

私のような、友だちが少なく、協調性が低く、先生に反抗ばかりするくせに成績だけはよい憎らしい子どもにとっては息苦しいほど、昭和の時代から日本の学校では非認知能力が重要視されてきました。それ自体を否定しようとは思いません。ただ、してはいけないことがあります。それは、非認知能力が注目されているからといって、認知能力育成を怠ったり、達成できないことの言いわけに使ったりすることです。それでは「学校」という社会システムの根本が揺らいでしまいます。

もうひとつ、教育でバックキャスティングする上で忘れてはならないことがあります。「今いる人材で達成可能か」という視点です。企業の場合は投資をして従業員を増やすこともできますが、学校はそういうわけにはいきません。必要に応じて教員を増やすことすら簡単ではありません。いまやどこの学校も労働過多、人員不足に悩んでいるのが実態です。

となると、今教壇に立っている先生に無理がかからない範囲でバックキャスティングする必要があります。たとえば「小学校から英語教育」と急に言われても、そのように養成されてこなかった小学校教員は大いに戸惑ったはずです。決まったことに従わせれば、無理が生じます。教員に多くを求め続けて、学校現場が多忙になる一方だったことを反省しなければなりません。

「ブラック」の代表格のように言われ、先生のなり手が少ない現状を考えると、教育施策に求められているのは、さらに多くを教育現場に求める「足し算」ではなく、むしろ「引き算」です。育成すべき人材像の設定を明確にし、そこから、今いる先生方ができる形でバックキャスティングすることが大切です。

私が提案するのは、すべての子どもが「独学する方法を身につけている」状態で学校を卒業することです。独学できる前提として、誰もが胸を張って、「教科書くらいは自分で読んでわかる」ことを目標として設定します。その目標が達成できたかは、（体育などの実技と英語を除いては）ＲＳＴで測定することができます。

そして、シン読解力が一定以上習得できれば、学習指導要領と教科書に沿って教えることで、どの学校でも学力は自然に上がります。ＲＳＴの能力値と各種学力テストとの間に、０・４〜０・７程度の高い相関係数が安定して出ていることが、まさにそれを示していま す。重要なのは、どの先生でも無理なく実行できるような、シン読解力を身につけるための教育プログラムを開発することです。

土台となる語彙と経験

では、シン読解力はどうすれば身につけられるのでしょうか。

まずは土台づくりが必要です。

学習言語には、独自の文字や語順があるわけではありません。日本の学習言語は、日本語で書かれています。学習言語の基盤になるのは、当然、日本語の言葉や文字です。

小学１年生入学時の語彙量は、多い子では７０００くらい、平均はその半分程度です。少ない子は平均の半分程度ではないでしょうか。子どもの語彙量は、家庭環境（家庭の収入、両親の最終学歴など）に大きく左右されることが、各国の社会調査で明らかになっています。言葉は、基本的に、身近な大人との会話や大人同士の会話から、経験込みで受け継ぐものなので、子どもの努力だけではなかなか増やすことができません。

語彙が少ないと、先生の話に集中したくても、先生が何を話しているのか理解できません。少しぐらい知らない言葉やわからない言葉があっても、言葉の意味を予測しつつ、「聞いて理解する」プロセスはある程度柔軟に動作します。けれど、わからない言葉が多くなると、理解は曖昧になってしまいます。多すぎるとチンプンカンプンです。

子ども本人の力ではなんともしようがないスタート時点の格差を是正することは、学校の最重要役割のひとつです。生活語彙が不足すると、学習言語の獲得に支障が出るのですから、そこは学校で補う必要があるでしょう。

保育園や幼稚園の先生が絵本の読み聞かせや、童謡を歌う、歌いながらお遊戯をする、といったことで、体から語彙を獲得させるのはとてもよいことです。小学校に上がっても、中学年までは、学校の先生やボランティアが絵本や児童書を読み聞かせたり、国語の本を音読したり、みんなで歌を歌ったり、劇をしたりする時間を十分取ることが語彙の獲得に有効です。

似たようなタイプの絵本だけでなく、図鑑など科学的読み物も入れるとさらに語彙が広がります。学校の先生には、最初は2、3冊、先生が候補を挙げて「今日はどっちを読んでほしい?」と聞いてみることをお勧めしています。複数の選択肢から選ばせると、なぜか子どものやる気や関心が高まることが認知心理学の実験から知られているからです。そのうちに、どんな絵本や図鑑を読んでほしいか、子どもたちがリクエストするようになったら楽しいクラスになるのではないでしょうか。

目指す語彙量は小学3年生までに800語、できれば1万語です。ただし、語彙量だけでなく、語彙の中に「かさ（嵩）」や「さかん（盛ん）」など、現代の生活ではあまり使わない和語が豊富に含まれているかに注目してください。それには理由があります。

小学生向けの教科書は、無意識に、ある「理想的な母語の状態」を前提として書かれています。無意識に、と書いたのは、教科書会社も、検定する文部科学省も、教員を養成する大学も、そのことにまったくと言っていいほど気づいていないからです。

たとえば、小学1、2年生の算数の教科書に「しかたをせつめいしましょう」とか「ますのなかにかきましょう」とか「10のたばでかんがえましょう」という文が登場します。「しかた（仕方）」や「ます（升）」や「たば（束）」という語彙が獲得できていない子は、何をすればよいかわからないでしょう。ほかにも「かさをくらべましょう」や「工業がさかんな地域」のような文も出てきます。「かさ（嵩）」や「さかん（盛ん）」は、最近の家庭ではあまり使わない言葉かもしれません。

このように、教科書や先生が無意識に使う言葉、特に「やさしいはず」だと思って無意識に使う和語を知らないと、困ったことになるのです。

「辞書を使えば、語彙は増やせるのでは？」と思われるかもしれませんが、基本的な語彙が備わっていないと、そもそも辞書を使いこなすことはできません。

三省堂の『例解小学国語辞典（第八版）』を開いてみます。『例解小学国語辞典』は、ほとんどの小学生が使っているのではないかと思われるほどシェアの高い国語辞典で、RSTでも「具体例同定（辞書）」の問題の多くを、この辞書を使って作問しています。

算数の文章題には「交互」という言葉がよく使われます。「赤玉と白玉を交互に並べる」のような場面です。「交互」の意味がわからなくて調べたとしましょう。すると、次のように書いてあります。

交互……代わる代わる。たがいちがい。例：右と左、交互に手をあげる。

「代わる代わる」も「たがいちがい」も知らない子はどうすればいいでしょう。「たがいちがい」を辞書でひけばいいのでしょうか。

たがいちがい……異なる二つのものが、順番に入れかわること。代わる代わる。

また「代わる代わる」が出てきてしまいました。

難しい言葉をよりやさしい言葉に置き換えることで、言葉の意味を文で伝えることが辞書の役割です。つまり、辞書は、「この世界を無理なく表現するために必要な和語を十分身につけている」子が使って、初めて意味がある書物なのです。

「工業がさかんな地域」のような単元では、授業で「工業」は説明しますが、「さかん」を基本語彙として説明する先生はそれほどいないのではないでしょうか。「さかん」が語彙として獲得できていないと、子どもの感覚からすると「工業がホゲホゲな地域」と言われているのと変わりません。

次章でくわしくお話しする相馬市では、先生たちが国語以外でも教科書研究に励んでいます。こんなことを述懐された先生がいらっしゃいました。

「6年生の歴史で学ぶ平安貴族のくらしの単元を準備していたときのことです。教科書に『貴族は、琴、琵琶、笛などをたしなみ』という箇所があります。『たしなむ』は、小学生には難しい言葉です。『たしなむ』には『好んでそのことに励む』という意味があります。平安貴族は遊んでいたのではなく、仕事の上で求められる教養として芸事に励んでいたということです。それが伝わるような授業がしたいし、子どもたちに『たしなむ』を語彙として獲得してほしいと思いました。こういうことは、ＲＳＴに出会い教科書を深く読み込むまで気づかなかったことです」

そう言えば、ユニークな方法で語彙量アップに成功したご家庭があります。3男1女を全員東大医学部に合格させたことで有名な「佐藤ママ」こと佐藤亮子さんです。彼女の著書『3男1女 東大理Ⅲ合格百発百中 絶対やるべき勉強法』（幻冬舎）によれば、彼女は「子ども1人あたり（のべ）1万冊の絵本を読む」ということと「子ども1人あたり（のべ）1万回童謡を歌う」ことを実行されたそうです。なにしろ4人のお子さんがいらっしゃって、特に上の2人は年子だと聞きます。ストレスフルな年子の子育てで、「早くしなさい」、「ダメでしょう」のような単調なやりとりになりがちになるところを、1万冊絵本を読み、1万回童謡を歌うことで、平均の子の倍以上の語彙を4人のお子さんの身体に浸透させることに成功したのではないかと思います。小学校入学時に語彙量が1万あれば、スムーズに学習や先生とのコミュニケーションに入っていくことができたに違いありません。

教科書の検定を担当している文部科学省は、各学年でどのような語彙がないと学習をスムーズに進めることができないか、また各学年でどのような学習用語を獲得しなければならないのか、わかりやすいリストを作成して公開すべきです。そうすれば、きっと学校にとっても参考になるでしょうし、教材会社も、その語彙を獲得するための教材や、どれだけの語彙を習得したかを確認するツールを工夫することでしょう。

もうひとつ、教科書が無意識に前提にしていることがあります。それは「標準的な生活体験」です。たとえば、文字盤つきの時計やカレンダーが家の壁にかかっているとか、トランプやすごろくで遊んだことがあるとか、（電子マネーではなく）リアルなお金で買い物をしているとか、電車やバスに乗るとか、なべややかんに水を入れて火にかけて沸かす、といった、昭和の時代には当たり前にどの家庭でも行われていたことです。

共通の生活体験をなにかしら前提にしないと、低学年や中学年の教科書は書きようがないのです。まさか、小学1年生から抽象概念だけを教えるわけにもいきませんから。身近な経験（例：10円玉が10個で100円になる）から出発して考えさせ、法則性を見つけ、抽象概念に至るのが、教育の基本的な手法です。

ただ、今は生活のあり方が多様になって、「時間はスマホで見るから時計はない」とか、「オール電化のマンションだから、子どもは火を見る機会がない」とか、「料理は基本、電子レンジで」というご家庭も少なくないことでしょう。あるいは、公共交通機関が減り、移動はもっぱら自家用車という地域も多いでしょう。

学校の職員室では、しばしば「最近の子は火を見たことがない」とか、「やかんを見たことがない子がいる」とか、「トイレの水を自分で流さないといけないことから教えなければならなくて、低学年指導がたいへん」ということが話題になります。

こうした、期待される「標準的な生活体験」についても、文部科学省はリストを作成し、学校を通じて、入学前の子どもを持つ保護者に情報提供するとよいでしょう。家庭の事情で、そうした体験が得られない子には、地域がサポートして体験が行き届くよう目配りすると、学習の入口がスムーズになります。

「2Bの鉛筆」が教えてくれたこと

小学校の授業を観察していると、3、4年生頃から先生の話についていけない子が増えてきます。高学年になると授業中に机につっぷしたまま、一切授業に参加しない子も出てきます。ただ、その割合は、公立小学校でも、学校ごと、学年ごとにかなり差があります。自然豊かな地方にある同じ自治体内の、家庭環境にもあまり差がないような2つの学校間でも、顕著な差があることがあります。

授業のやり方を観察しているうちに、その差の理由が徐々にわかってきました。

それは、授業中に「書く量」です。

高学年になっても2Bの鉛筆を使っている子は、いまやふつうです。もちろん筆圧が弱い低学年は2Bでよいのですが、高学年が2Bを使っているのは不自然です。2Bの鉛筆

1本で、1時間の授業を済ませることができる、ということは、書く文字数が相当少ないのではないでしょうか。2Bで50字書いたら、鉛筆の芯が丸くなって書けなくなります。筆算をしたら、繰り上がりや繰り下がりの小さい数字が書けなくなります。「プリントの穴埋めくらいしか字を書かない」、「桁数の多い筆算の練習をしない」から、2Bの鉛筆で済んでいるのです。

実際、授業を見学すると、2Bを使う子が多いクラスでは、プリント学習が主であることがわかりました。そもそもノートには書かせません。

先生は、「では、今日のまとめをプリントの『まとめ欄』に書いておきましょう」と定型的な声かけはします。ただ、その声に促されて鉛筆を持つ子は、学力上位層だけです。中位層は「工場のことがわかってよかったです」のように、まとめではなく定型的な感想を書いています。下位層はそもそもまとめを書きません。そして、最後に、全員スティックのりを取り出して、プリントをノートに貼りつけて、あるいはクリアフォルダにしまって授業が終わります。字は書かないのに、スティックのりの使い方は全員が熟達しているので驚きました。

書きたい子は書く、書きたくない子は書かない、書き方を知らない子はとりあえず先生が気に入りそうな感想を書く、を繰り返していては、学習言語の習得などほど遠く、格差が開く一方になるのは当然でしょう。

昭和の頃はこうではありませんでした。授業と言えば、先生が黒板に書く内容をそのとおりに書き写す「視写」が定番でした。修行僧のように、視写に励むことが授業を受けることだったという印象すらあります。高学年になれば、鉛筆はＨＢかＨを使い、利き手の中指にペンだこができるのがふつうでした。

それを完全復活させるべし、などとはまったく思いません。私にとっても視写一辺倒の授業は苦痛でしかありませんでした。一方で、なぜ30年でこうもラディカルに授業方法が変わってしまったのかを知りたいとは思い、先生方にインタビューしました。

授業スタイルの変化には主に2つの理由がありました。ひとつ目は、先生にひとり1台パソコンが配備されたことと職員室にプリンターが導入されたことです。これによって、先生たちは自由にプリントを作成し、印刷できるようになったのです。

もうひとつの理由は、「アクティブラーニングの時間を確保するため」でした。今の学習指導要領は、教員の負担が著しく大きくなるのが容易に想像できるほど分量が多いことで知られています。さらに、「受動的な授業・学習」から、「積極的・能動的な授業・学習」へとアップデートすることを求めています。文部科学省は、「どのような活動がアクティブか」ということの定義は行いません。どんな活動がアクティブかは形式で決まるのではなく、学習者の状態と与えられる課題によって決まるからです。

ですが、現場は、「アクティブ＝グループで話し合うこと」だと思いこんでしまいました。机を移動し、数人で話し合う形式を作ることがアクティブラーニングだと位置づけたため、45分の授業の中で、その時間を確保する必要に迫られました。すると、ほかの時間を圧縮せざるを得なくなったのです。

字を書くのが速い子も遅い子もいます。字を書かせると、遅い子をほかの子が待たなければなりません。それが時間の「無駄」だというばかりに、視写はプリントの穴埋めに、さらには、正解選択肢を選ぶことに代替されてしまったのです。

その結果、何が起きたでしょう。本来は、問題なく視写できるはずの能力のある子も一斉に筆圧が下がり、2Bでないと書けないようになったのです。穴埋めだけが目標になると、文の構造を理解したり、言い回しを覚えたりする機会が奪われます。第2章で紹介した「幕府問題」の驚くべき低正解率は、そのような「キーワードだけを覚えればよい教育」と無関係ではないと私は考えています。

HBで速く書ける子は、塾に行っている子ばかりという学級も少なくありません。中学入試は紙で実施されるので、それなりのスピードで書く必要があり、塾や塾の宿題でトレーニングするからです。

では、折角時間を確保して行った「アクティブラーニング」が奏功しているかというと、残念ながらそうではありません。中学年以上になると徐々に話をリードする子が固定化し、高学年や中学生では、グループの一番成績がよい子に丸投げをして、ほかの子は雑談に興じていたり、タブレットでなんとなく検索をしたりしています。

文部科学省と現場の間の、こうした「残念な行き違い」は今に始まったことではありません。総合的学習の時間が創設されたとき、教科書もなく、何を指導すべきかの明確な指針がなかったばかりに、現場が混乱し、事例として紹介された「地域のお年寄りに菊づくりを学ぶ」という活動をどの学校でも一斉に真似たということがありました。

では、何が「アクティブラーニング」なのか、私の考えを「認知負荷」という観点からお話ししましょう。

脳のワーキングメモリには限界がある

認知科学という学問分野があります。情報を処理するという観点から、脳、特に人の脳の知的な働きについて解明しようと試みる分野です。情報処理をするという点で、コンピューターと人間の脳には共通点があるので、しばしばコンピューターとの類似性と相違の両方の観点から分析されます。

コンピューターは日進月歩で進化していますが、その構造は発明当初からさほど変わらず、5つの装置（機能）から成り立っています。「入力」、「出力」、「記憶」、「演算」、「制御」の各装置です。キーボードやマウス、タッチパネルやマイクなどは入力装置です。一方、ディスプレイやプリンターやスピーカーなどは出力装置です。演算装置は、まさに計算を担う機能で、プログラムに従って入力されたデータを処理します。記憶装置は、データやファイルを長期的に保存しておく補助（外部）記憶装置と、入力された命令やデータなどを一時的に記憶したり、処理した結果を出力するために一時的に記憶したりする主（内部）記憶装置（メモリ）に分けられます。各装置を制御するのが制御装置です。

これらをコンピューターの「脳」だと考えると、人間の脳と明らかに違うことがわかっている部分があります。それはメモリです。

最近のパソコンには、16GB（ギガバイト）程度のメモリが搭載されています。16GBのメモリを搭載しているパソコンは、短期的に1千億桁を超える「0」と「1」から成る記号列を覚えておくことができます。

一方、人間が短期的に覚えておける無意味な記号列は7（±2）程度だと言われています。ものすごい差です。そして、これが人間の脳の最大の弱点です。

人間は目や耳などの器官を通じて、外部からの情報を取り込みます。それをいったん脳の「ワーキングメモリ」と呼ばれるところに保管して処理し、構造化された知識として長期記憶に保存する、と認知科学では考えます。長期記憶に保存するには、その情報が単なる記号列から「意味」に置き換えられるかどうかが鍵になります。円周率を何万桁も覚えられる人がいますが、無意味な文字列としてではなく、語呂合わせや物語に変換したりして覚えているのです。

つまり、人間の認知のボトルネックはワーキングメモリにあるのです。しかも、その容量や保持時間はトレーニングで劇的に増やせない、と考えられています。

貴重なワーキングメモリを無駄な活動に消費しすぎないことが、人間が「本当に必要な情報を処理し、構造化し、長期記憶に保存し、必要なときにすぐに取り出して問題解決にあたる」上で、たいへん重要なのです。

認知科学では、ワーキングメモリにかかる負荷を「認知負荷」と呼びます。認知負荷がかかりすぎると、それがネックになって情報処理が追いつかなくなります。

認知負荷には「今、取り組もうとしている本丸の課題」そのものを解決する上でかかる「課題内在性認知負荷」と、それ以外でかかる「課題外在性認知負荷」があります。この課題外在性認知負荷に注目します。

たとえば、「先生の指示のとおりに課題に取り組む」というシーンを考えてみましょう。先生が口頭でこんな指示をしたとします。

「××ページの『○○の値』を求めて、表に書き入れましょう」

よくできる子にとっては朝飯前の単純な課題です。「『○○の値』を求めて、表に書き入れる」ことに直接関係する負荷が課題内在性認知負荷です。

では、この場合の課題外在性認知負荷にはどんなものがあるのでしょう。先生の話に意識を集中する、先生の声（音）を文字変換する、教科書の××ページを開く、××ページに書かれていることに集中する、などです。

まず、「××ページ」という数字を聞き取るところで5％くらい脱落します。実際に教科書の××ページを開くというところでさらに10％くらい脱落します。「○○の値」というのは、そこまでの授業の文脈から理解できるはずですが、「何の値を求めればいいか」がわからず、さらに10％くらい脱落する……大げさのように聞こえるかもしれませんが、実際の中学1年生の授業を観察しているとそのような印象を受けます。

ほかにも、「お腹減っちゃった」、「トイレに行きたいかも」、「教科書忘れちゃった」、「あ、消しゴム落としちゃった」、「鉛筆で指が痛い」、「鉛筆の芯が折れちゃった」、「先生にあてられたらどうしよう」……。キリがありません。すべてはワーキングメモリで処理されています。忙しすぎます。「やること多すぎ！」という脳の悲鳴が聞こえてきそうです。

ただ、脳が何をどう処理しているかは外側からは見えませんから、処理が追いつかない子は、単に「ぐずぐずしていてやる気がない」ように見えます。RSTを導入した各地の学校を視察してきましたが、ふつうの公立学校では、クラスの半数が本丸の課題に到達する前に、課題外在性認知負荷でつまずいているように見えます。

課題が「朝飯前」の生徒と、本丸の課題にたどり着く前につまずく多くの生徒の差はなんでしょう。それは、課題外在性認知負荷が十分に下がった状態で課題に取り組んでいるかどうかの差です。

先述のとおり、人間の脳のワーキングメモリの能力には限界があります。認知負荷が大きくなりすぎて限界に近くなると反応が鈍くなっていき、限界に達するとオーバーフローを起こしてほとんど反応しなくなってしまいます。ある時点までは、張り切って授業に参加していたのに、徐々に反応が鈍くなり、ついには授業中に机につっぷして居眠りをしてしまうのは、このワーキングメモリのオーバーフローが一因だと考えられます。

学校生活をスムーズに進めるには、このような課題外在性認知負荷を小さくするようなトレーニングや習慣づけは欠かせません。

教科書の指定されたページをさっと開く、指定された情報を目で検索してそこに集中する、鉛筆や定規などを使いこなす、時計を見て残り時間がおよそどれくらいかわかる、といったことです。一つひとつは些細なことに見えますが、負荷が重なるとそれだけでワーキングメモリはいっぱいになり、課題そのものに割く余裕がなくなります。

アクティブラーニングとは、主体的・能動的に学んでいる状態です。「教科書の139ページを開く」という活動が朝飯前な子もいれば、目的のページを開くことこそが、アクティブラーニングである子がいるのです。「言われたことをしているからパッシブ（受け身）」と思うのは早計です。

教科書の139ページを開こうと思ったら、教科書を手に持って、見当をつけて開きます。開いたのが98ページだったら、とっさに判断してそれより後ろを開かなければなりません。そのあと153ページを開いたら行きすぎです。指先の感覚を研ぎ澄まし139ページをめくります。これはまさに、この子にとってはアクティブな活動でしょう。そして、指定された時間内に開くことができたら、「よかった」と思うことでしょう。

ちなみに2016年の「ロボットは東大に入れるか」の研究発表会のために、デンソーさんが解答用紙にボールペンで答えを書く「東ロボ手くん」というロボットアームを開発してくれました。東ロボ手くんには脳はなく、別のところにあるサーバーで出力した答えを受け取って、舞台上で解答用紙に書きます。「開発のどこが難しかったですか」と問われたデンソーの開発者が「すべてが難しかった」と答えたのが印象的でした。マスの中にボールペンで文字を書く、というただそれだけのことが、ロボットの世界ではいまだ難しいのです。

認知負荷を科学的な「地道トレーニング」で下げる

では、課題外在性認知負荷をどうやって下げればよいのでしょう。それには科学的かつ地道なトレーニングを繰り返すしか方法はありません。

学校では、児童生徒の課題外在性認知負荷を下げるために、さまざまな学習支援の工夫がされています。板書を視写したり教科書を読んだりしなくても済むように、穴埋め式のプリントを配布したり、定規とコンパスでノートに図を描かせる代わりに、タブレットの作図ソフトを使わせたりといったことです。電卓を持たせて計算は電卓に任せるといった学習支援もあります。しかし、それには効用もあるでしょうが、大きな弊害があります。それについてなされた研究があります。「学習支援のジレンマ理論」です。

たとえば、「筆算練習せずに電卓を使う」学習支援を例に考えてみましょう。電卓を使えば、速いし正確です。30人いる学級の子どもの進み具合を揃えることができます。一方、それで失うものがあります。それは、「計算の仕組み」を理解しないまま学習を終えてしまうことです。筆算には、繰り上がりや繰り下がりがあります。小数点の処理もあります。それらすべてに「計算の仕組み」上の意味があります。

目先の課題解決を優先して学習支援ツールを提供すると、構造化された知識や知識の枠組みの獲得をかえって阻害するという「トレードオフ」が生じるのです。学習支援のジレンマに関する三輪和久さんらのレビュー論文では、「学習支援をする・保留することの利益と損失」をわかりやすい表にまとめているので、ここに引用します（表5−1）。

表5−1　支援の保留と提供によってもたらされる利益と損失

	支援の保留	支援の提供
利益	・産出効果 ・集中力の促進 ・長期記憶の活動 ・自律的解決の達成感	・正確さ ・コミュニケーションの効率 ・支援下での達成感
損失	・エラーによる損失 ・停滞、混乱、時間の浪費 ・失敗による挫折	・表層的学習 ・集中力の欠如 ・長期記憶活動の消失 ・成長機会の喪失

（出典）「学習支援の提供と保留のジレンマ解消問題」三輪和久、寺井仁、松室美紀、前東晃礼（『教育心理学研究』2012年62巻2号p.156−167）

何も支援をしないと、エラーによる損失や時間の浪費、失敗による挫折に直面する子が出現します。一方で支援すると、集中力が欠如したり、長期記憶活動が消失したり、成長機会を失ったりするかもしれません。究極のジレンマですね。認知負荷がかかることをさせようとすると、子どもは嫌な顔をするので、親も先生もつい支援ツールを使いたくなります。が、支援しすぎると表層的学習にとどまり、長期記憶活動を喪失するのです。

ジレンマの解決には「支援する／しないの基準」を作るとよいでしょう。

まず、「合理的支援」を必要とする子どもたちがいます。たとえば、弱視やディスレクシア（識字障害）といった障害を持つ子どもたちです。その場合、単に「無理にやらなくてもいいよ」と放置するのではなく、代替手段がないかを本人と保護者、できれば専門家の力を借りて考えるとよいでしょう。

「構造化された知識や知識の枠組みの獲得」に必要なものや、「できなかったら、将来困ることになるスキル」については、トレーニングで乗り越えていけるように親と学校が協力します。

では、最初に減らすべき支援はなんでしょう。

それは先生お手製の「学習プリント」です。読者のみなさんは「手製の学習プリントをなくせば、教員の多忙も解決できるし、紙の無駄を省く上でもよいし、誰も反対しないのでは？」と思うかもしれません。けれども、先生たちはきっと「学習プリントなしにどうやって授業するんですか⁉」とパニックに陥るはずです。それくらい今、学習プリントが教室を席巻しています。

職員室にプリンターが導入され、すべての先生にパソコンが配付されたことで、先生たちはプリント作りに精を出すようになりました。いまや、ほとんどの授業でプリントが配付されていると言っても過言ではないでしょう。それにともなって、プリントなしには学習できない子が急増しています。それでは長期的に子どもたちが困ります。実際、「プリントがないとどう勉強すればいいかわからない」という大学生は少なくありません。

プリントをなくす、ということは、必然的に教科書とノートで学ぶことを意味します。最近、タブレット端末で教科書もノートも完結させることが「最先端」だとする風潮がありますが、私は、小中学生の間は、紙の教科書とノートを強くお勧めします。

そもそもタブレット端末のシェアナンバーワンのｉＰａｄはスティーブ・ジョブズが、「ソファに寝そべりテレビを見ながら、ちょっとした調べ物をするときに便利な機器」として世に送り出したものです。情報の生産ではなく、消費、それも軽い消費に特化しています。生産活動に使うには、タブレットは画面が小さすぎ、入力機能が貧弱すぎます。タブレットでプログラムするトッププログラマーなんて聞いたことがありません。私が知る限り、そういう人たちは、大型ディスプレイを使っています。ディスプレイを3枚並べて使う人も少なくありません。認知負荷が下がり、ミスが減るからです。まさに「認知負荷を下げる正しい支援」と言えるでしょう。

もちろん、紙と鉛筆ではできないこともあります。動画撮影や大量のデータの処理などです。たとえば、体育はぜひタブレット端末を使いこなしてほしい教科です。なにしろ、走る・投げる・跳ぶフォームは自分で見ることができません。撮影して自分で確認したり、科学的に指導を受けたりしたほうがよいに決まっています。どの競技でも、プロはみなそうしています。理科の実験も撮影したものを見ながら振り返りのまとめを書くと、知識は定着します。百個以上のデータを処理するなら、電卓より表計算ソフトを使うべきでしょう。

一方で、ふつうの文章題を立式して筆算で計算するような授業に、タブレット端末は不要です。情報量を抑制し、その文章題に向き合わせたほうがよい結果を生みます。

学習言語と同じように、このような小さな課題外在性の認知負荷についても、「朝飯前」な人にとっては、できない人がなぜできないか理解できません。迂闊にも「なんでそんなこともできないの?」と言ってしまいます。会社だったら、そんなことを言ったらパワハラです。繰り返しになりますが、「なんでそんなこともできないの?」や「もっとちゃんとやればいいのに」は具体性のない無意味な言葉です。

私たちは、RSTを導入した教育委員会に対して、各学年でどのようなスキルを習得していないと学習でつまずくかのリストを作成し、課題外在性の認知負荷を十分に下げ、どの子も本丸の課題に取り組めるような環境を整えることをお勧めしています。ベテランの先生は、「これができないと3年生になるとつまずく」ということを経験からよく認識しています。それをリストにし、若手教員も共有できるようにするのです。

板橋区にアドバイスをして作成したリストには、「教科書や辞書の指定されたページをさっと開ける」、「見開き2ページから指定された語句や資料をすぐに見つけられる」、「残り時間があと何分かをアナログ時計から概算できる」、「濁音・半濁音・拗音・促音を含むひらがなとカタカナ（例：きしゃポッポ、にゅうどうぐも）を間違えずに読み書きできる」、「1桁の足し算・引き算・かけ算ができる」、「漢字には部首がありその組み合わせで音や意味が決まることを認識する」、「単純な基本構文を理解する（例：「おじいさんは山へしばかりに、おばあさんは川へせんたくに行きました」という文から、川に行ったのは誰かがわかる）」……といったことが挙げられました。なかなか一度にすべては思いつかないので、あとから先生方が追記できるようにクラウド上でリストを管理しています。

ただ、リストにしただけでは、多忙を極める先生にはチェックする余裕はないでしょう。

そこで、毎日10分程度取り組めば、クラスのほとんどの子どもが本丸の授業に取り組む準備が整うトレーニングメニューを開発しました。そのトレーニングと成果については次章でくわしく紹介します。

国語と英語の教育方法に学ぶ／資料を読み解く

生活言語としての日本語をよく耕す、課題外在性認知負荷を十分に下げるためのトレーニングをする。これで、学校教育の本丸である学習言語を習得する準備が整いました。

「シン読解力」が読解の対象にする文書は、本来は「読めば誰でもわかるように」書かれているはずなのですが、前述のとおり教科ごとに文体や言葉の解釈が異なることがあるため、学校では、それぞれの教科の読み方を指導する必要があります。さて、どう指導しましょうか。それを考えるには、言語を扱う、国語と英語の教育方法が参考になるに違いありません。

理科や社会や算数・数学の先生たちが教科書を開かずに授業をしたがるのに対し、国語と英語では教科書を開いて授業を進めます。段落ごとに黙読、音読する場面も多く見られます。新出の漢字や単語は、音読させたあと何度か書かせます。

「何が主語で何が述語か」、「『そのように』のような指示詞が何を指しているか」は国語のテストで頻出するタイプの問題なので、文章を読む際は常に意識させます。英語では、複雑な文は必ず黒板に書いて、構文を解析してから和訳します。そのことで、英語と日本語という2つの言語を相対化させ、その対応の在り方を理解させたいからでしょう。また、辞書を使って、言葉の定義をノートに写し、その新しい言葉を使って単文を考えさせ、発表させたりします。新しい語彙の使い方のバリエーションが広がることが期待できるからです。こうした国語や英語の教育法を、理科や社会や算数・数学でも取り入れることを私はお勧めしています。

具体的に言うと、理科や社会、算数・数学でも、まず音読を取り入れます。その教科の学習言語の学習用語を覚えていなかったり、言い回しに慣れていなかったりすると、つまずいたり、文の区切り方がおかしくなったり、読み飛ばしたりします。先生がもう一度ゆっくり音読をすることで、聴読（耳で聞いて読む）させます。時間制限を設けて視写をさせることで、学習用語やその言い回しの定着を図るのも効果的です。

ただし、国語と英語の教育法だけでは不足する部分があります。それは、非テキスト情報の読解です。

では、ここでみなさんに問題です。

「教科書はテキスト情報と非テキスト情報で構成されています。教科書に現れる非テキスト情報の種類を5つ挙げてください」

教科書のことなどすっかり忘れてしまった、という方は、新聞やパワーポイント資料のことを思い浮かべてくださってもかまいません。いかがでしょう。

「写真、イラスト」を真っ先に思い浮かべた方が少なくないのではないでしょうか。

毎年、いろいろな自治体の教育委員会に招かれて、先生方に向けてシン読解力について講演をします。その中で、必ずこの質問をします。たいていの会場で、まず挙がるのが「写真、イラスト」です。そのあと、急に会場がシーンとします。それ以外を思いつかないのです。「いかがですか?」と水を向けられたベテランの男性教員が「え? ほかにあるの? ないでしょう!?」と言い、振り返ってほかの聴衆に「ないよね?」と同調を求めたということさえありました。

いいえ、まだまだたくさんあります。

グラフや表がありますね。数学では図形や式があります。

「式は非テキスト情報なのですか?」と聞かれます。テキストではないので、非テキスト情報です。

社会科の教科書は、非テキスト情報のオンパレードで、見開き2ページに写真、イラスト、地図、概念図、グラフと5種類の資料が載っていることさえあります。音楽には楽譜がありますね。これも非テキスト情報です。

シン読解力では「知識や情報を伝達する目的で書かれた資料」を読解の対象にしますから、写真とイラストは扱いません。読解の対象として使うのは、グラフや表、図形、式、地図、概念図、年表、楽譜などです。これだけで8種類もあります。RSTでは、これらを総称して「イメージ」と呼んでいます。「イメージ同定」という問題分野は、テキスト情報と非テキスト情報を正しく突合する力を測っています。それらの問題を解くには、テキスト情報の読解だけでなく、非テキスト情報の読解も求められます。最も認知負荷がかかる問題群ではないかと思います。


たとえば、問題01は「概念図」の読み解きに関する問題です。

この問題は、中学生から社会人まで、一部上場企業の会社員や学校の先生も含め2464人が解いて、正答率は5・4%にとどまりました。しかも、能力が最も高いはずの能力値2（偏差値70）の周辺でも正答率が20%にしか達しませんでした。①、②、③が正解です。

恥ずかしながら、私もこの問題が解けませんでした。

私には、考えないと左右がわからない、という認知的欠点があります。また、動く2つの物体の関係に関する認知も弱いです。そのため、小学校の頃から、月の満ち欠けの単元が苦手でした。この文章を読んだときに、「月は西側から満ち欠けする」ことと図を対応させるのに認知負荷をすべてもっていかれて、図の上に書かれている「15日後」まで情報処理できず、「すべて正解」だと思ってしまいました。

理数系のテキストには、このようにワーキングメモリを駆使して条件チェックをしなければならない課題が多くあります。国語では、

問題 01

Q 下記の文を読み、月の満ち欠けの様子を表す図として適当なものをすべて選びなさい。

月は西側から満ち欠けする。言い換えれば新月から満月の間は西から徐々に月が満ち、満月から新月の間は西から月が欠けていく。また、新月の後、次に新月が見られるのは約1ヶ月後である。

常識や道徳、使われている言葉のニュアンスなどで、間違った選択肢を消すという消去法が役に立ちます。ところが、理数系では、その手法はまったく役に立ちません。「条件チェック」ひとつとっても、学習言語間で差があるのです。

グラフひとつとっても、横軸に時間をとる時系列の折れ線グラフもあれば、割合を表す円グラフ、割合と量を同時に表す積み上げグラフなどさまざまです。新しいタイプのグラフが登場するたびに、その読み方を箇条書きでまとめてある教科書もあるのですが、なかなか授業で活用されていないのが残念です。多くの先生は、「グラフからわかったことを読み解いてみよう」と言うだけで、どのように読み解けばよいかの指導をしていません。

たとえば、１９６０年代から２０１０年代にかけての「食品別輸入量の変化」に関する時系列グラフの読み解きで、生徒の「黒い線が増えている」のような発言を、「そうだね。黒い線が示している肉が増えているね」程度の指摘で受け入れてしまう授業も少なくありません。本来ならば、「肉の輸入量は１９６０年代から90年代にかけて一貫して増加している」のように、「何が」「いつからいつまで」増えているというように発表すべきですが、そもそもその「やり方」を教えていないので、発表しても適切に指導できないのでしょう。

「人に伝わるグラフの読み解き方」はビジネスパーソンにとっても重要です。「昨年より売り上げが上がりました」と言うより、「昨年に比べ売り上げは30％上がりました」のように数値を入れるほうが効果的です。「過去5年間の前年比売り上げは年々増加する傾向にあり、今年の前年比は1・3倍に達しました」と言うほうが、ビジネスが着実に拡大していることが伝わります。

この説明方法を学校で学んだ記憶はありますか？　多分、ないと思います。米の生産量1位の県や工業地帯の生産額の順位は10年も経てば変わります。一方、グラフの読み解き方は一生もののスキルです。後者を学校で習っておくほうがよいに決まっています。

第6章

「シン読解力」トレーニング法

第5章では、学習言語（シン読解力）の習得法について、理論的背景をお話ししました。まず、生活言語である日本語をよく耕す。小学3年生までに、基本語彙1万語を身につけ、辞書をひけるようにする。そして、課題の本丸にワーキングメモリを十分に割けるように課題外在性認知負荷をトレーニングによって下げる。

その上で、「学習言語は生活言語とは違う、しかも各教科で学習言語は異なる」という意識を担当の各教員が強く持ち、教科書を読み解くことを授業の中心に据える。そして、言語を扱う科目である国語や古文や英語の教育手法に学び、各教科の「学習言語」の差を意識させせながら習得するよう心がける。

そうすれば、無理に知識を詰め込まなくても、子どもたちは自然と教科書から知識を吸収できるようになると私は考えています。だからこそ、シン読解力が身についている子は、どの教科でも学力が高くなるのだ、と考えると、第2、第3章で見てきたデータと符合します。

これらはどれも、「学校」という場で、先生や一緒に学ぶクラスメートがいるからこそ実現できるトレーニングばかりです。家庭でやろうとしたら、毎日親子ゲンカになってしまい親御さんの負担やストレスは相当大きくなることでしょう。学校で、体系的なトレーニングをしてくれるからこそ、保護者は安心して、スポーツやピアノなど子どもに好きなことを習わせたり、家族団欒したりすることができます。

シン読解力が著しく低い子は、比較的目につきやすいので、先生や保護者も比較的早い段階で気づきます。多くの場合は、以下のような問題を抱えています。基本語彙量が不足している。なんらかの学習障害がある。低学年のカリキュラムと発達段階が合致していなかったので、中学年以降、課題外在性認知負荷だけでオーバーフローを起こしている。こういった問題です。支援を必要としている子どもたちですから、第5章（186ページ）を参考にぜひ早期解決を図ってください。

一方、計算ドリルは好き、暗記はできる、生活態度がしっかりしているのにシン読解力が低い、という子どもは少なからずいます。努力でカバーしてしまうので、中学2年生、場合によっては高校1年生くらいまで発見が遅れることがあります。なにしろ、どの教科もがんばる上、ほかの子が嫌がるボランティア活動や掃除当番などにも真面目に取り組むので、先生方の評価は総じてよく、内申点は高いことが多いからです。そのようなタイプの生徒は、RSTでシン読解力を測定し、早めに軌道修正してあげると、また伸びだします。

「RSTの能力値と学力は相関するのだから、学力をモニタリングしていれば、RSTは受けなくてもいいんじゃないですか？」

教育現場でよく受ける質問ですが、成績がよくても、シン読解力の能力値が高いとは限らないところが難しいところです。知能指数（ＩＱ）と学力にも正の相関がありますが、ＩＱが高くても学力が振るわない「アンダーアチーバー」や、逆にＩＱから期待される以上の学力を発揮する「オーバーアチーバー」が相当数いることが知られています。同様に、「ＲＳＴの能力が高いと学力が高くなる傾向」があることは事実ですが、比例しているわけではありませんから、「外れ値」はあります。

3年前からＲＳＴを導入しているある中学校でこんなことがありました。生徒たちのＲＳＴの能力値を眺めていた私が、「この子は、国語と社会は比較的よくできるかもしれません。ただ、中学進学とともに理数系の教科書が読めなくなっているはずです。このままでは中2で成績が頭打ちになり、今希望している進学先には届かなくなるでしょう」と指摘しました。その子の国語を受け持ち、担任でもある先生は、「そんなことはあり得ません。この子は努力家なだけでなく、リーダーシップもあり、コミュニケーション能力も高い子です。この子が伸び悩むなんて考えられません」と、語気を強めて反論されました。

2年後にその先生に再会すると、「新井先生の言うとおりでした。2年生から成績が伸び悩み、希望校を2度変えなければなりませんでした。あのとき、私が意地を張らずに耳を傾けていたら、彼女の人生は変わっていたかもしれないと思うと申し訳ないです」とおっしゃいました。その経験を経て、その先生は教育委員会のシン読解力推進を担当されています。

自己流の読みの修正は早ければ早いほど、少ないコストで修正できます。ＲＳＴには測定結果だけでなく、受検者の特性に応じた学習アドバイスがついてきます。まずは担任がその結果を受け止め、二者面談、必要ならば保護者も加えた三者面談などで、今後どのように学習を進めていくか方針を決めることをお勧めしています。

ここで使用するのが、「ＲＳノート」™[1]と呼ばれるノートです。ＲＳノートは、シン読解力に的を絞った自学自習を進めるために、非常に有効なツールです。市販の横書きのマス目のあるノートを用意します。小学校の低学年は10マス、中学年は15マス、高学年以上は20マスノートを使うのがよいでしょう。

まず、ＲＳＴを受けたあとに、個々の生徒に提示される学習アドバイスをノートに貼ります。生徒たちには、このノートを使って１日10分程度の自学自習をさせ、その上で学習言語を意識しながら普段どおりの毎日の授業を受けさせます。

（1）「ＲＳノート」は一般社団法人「教育のための科学研究所」の登録商標です。ＲＳノートの亜流が出現して、教育現場が混乱することを防止するために、商標として登録しました。

これを1年継続して、翌年、RSTを受検したときに、特に不得意だった分野が改善していれば、努力が実った証拠です。改善しなかったら、なぜ改善しなかったのか、担任の先生と相談しながら理由を考え、学習方法を調整します。

RSノートを使った具体的なトレーニング方法を、なるべく正確に紙上で再現して、段階別にまとめたのが、巻末の「トレーニング」編です。まずは初級編、それから中級編を紹介しています。

この「トレーニング」編は主に教育現場向けのパートです。ただし、今まさに子育て中で、お子さんのシン読解力に不安を覚えているという方にも参考になる内容かと思います。

RSノート初級編の意図

RSノート初級編は、「RSTで3割以上の児童生徒に評価Dがつくような学校」にお勧めしています。能力値は小学5年生から大人まで同じ基準で出しますが、評価は小学生・中学生・高校生・大人ごとに判定します。評価D＋Eは全体の31％ですから、3割以上というのはだいたいふつうの公立小中学校だとお考えください。

評価D以下がついている子どもたちは、修飾節が長かったり、主語や目的語が省略されていたりする文の構造をつかむことからして苦手です。説明文を読んだり、書いたりする経験が不足していると考えられます。授業が、教科書見開き2ページずつ進んでいるという認識も希薄で、今どの単元を学習しているかを言えないことも多いです。教科書見開き2ページを見せて、特定の情報を探させると、見つけるまでに非常に時間がかかり、それだけで認知負荷がすべてもっていかれることがわかります。

また、こういう子どもたちは、そもそも基本的な学習用語を獲得し損ねていることが往々にしてあります。その原因は、生活言語の語彙不足や、漢字の習得不足などさまざまでしょう。

こういう子どもたちに、学習場面で求められる課題外在性認知負荷を可能な限り下げること、学習言語の構文に慣れさせること、そして学習用語を獲得させることが、RSノート初級編の目標です。

まずは、音読と視写です。

子どもたちには、あらかじめ小学生なら1分間に何文字、中学生なら90秒で何文字、正確に視写したいかの目標を立てさせます。RSTに熱心に取り組んでいる自治体などの調査から、小学生は1分間に学年×10字、中学生は90秒で90字が目安になりますが、それにはこだわりすぎず、それぞれ目標を立て、それをクリアすることを目指します。最初は無茶な目標を立てがちですから、最初の1、2回でクリアできなかったら目標を引き下げるなど調整させます。

まず、準備運動から始めます。それは、①指定された教科書のページを開くこと、②その見開き2ページから指定された情報（提示文）を見つけ出すこと、です。

提示文をデジタル黒板のスクリーンに表示し、それが書かれているページを「口頭で」伝えます。子どもたちは、それを聞いて、さっと教科書の指定のページを開き、スクリーンに表示された提示文がどこに書かれているかを見つけ出します。②は「膨大な情報の中から所望の情報を見つけ出すスキル」を養うトレーニングで、私たちは「『ウォーリーをさがせ！』トレーニング」と呼んでいます。

『ウォーリーをさがせ！』という絵本をご存じですか。丸ぶち眼鏡をかけ、赤と白のボーダーのセーターとジーンズを着ている背の高い「ウォーリー」という男性を、群衆の中から見つけ出すセリフのない絵本です。この絵本にちなんで、このトレーニングを私は「『ウォーリーをさがせ！』トレーニング」と名づけました。

トレーニングから1週間で効果が出始め、だいたい1ヶ月で、どの子もさっと情報を見つけられるようになります。

スクリーンに提示する文は、前回の授業で学んだ最も重要な箇所でもよいですし、授業中にていねいに指導しきれなかった箇所でもよいでしょう。

次に、提示文を黙読し、どんな意味かを思い出したあと、音読します。文の構造が頭に入っていなかったり、漢字の読みがあやふやだったり、学習用語が定着していないと、区切り方や読みがおかしくなるので、耳を澄ますとわかります。

その上で、改めて先生が手本の読みをし、正しい読み方を認識させます。音韻ループと言って、耳をとおして聞くことによって記憶が定着しやすくなることは、これまでの認知科学の研究からつとに知られています。

その後、タイマーで時間を計って提示文を視写させます。人間は無意味な文字列を7文字までしか覚えられませんから、たとえば、提示文中の「フェノールフタレイン溶液」(12文字)を一気に書けたなら、この言葉が長期記憶に入ったことを意味します。「溶液」なので液体だということもわかっていることでしょう。

文字を書く流暢さと、漢字の定着、加えて用語や言い回しを覚えているかによって、一定時間に書ける文字数は決まります。表6-1は、福島県相馬市立桜丘小学校の子どもたちが3ヶ月間トレーニングしたあとの1分あたりの平均視写数です。若干の凸凹はありますが、おおむね学年×10字の水準に達しています。

図6-1　実際のRSノート

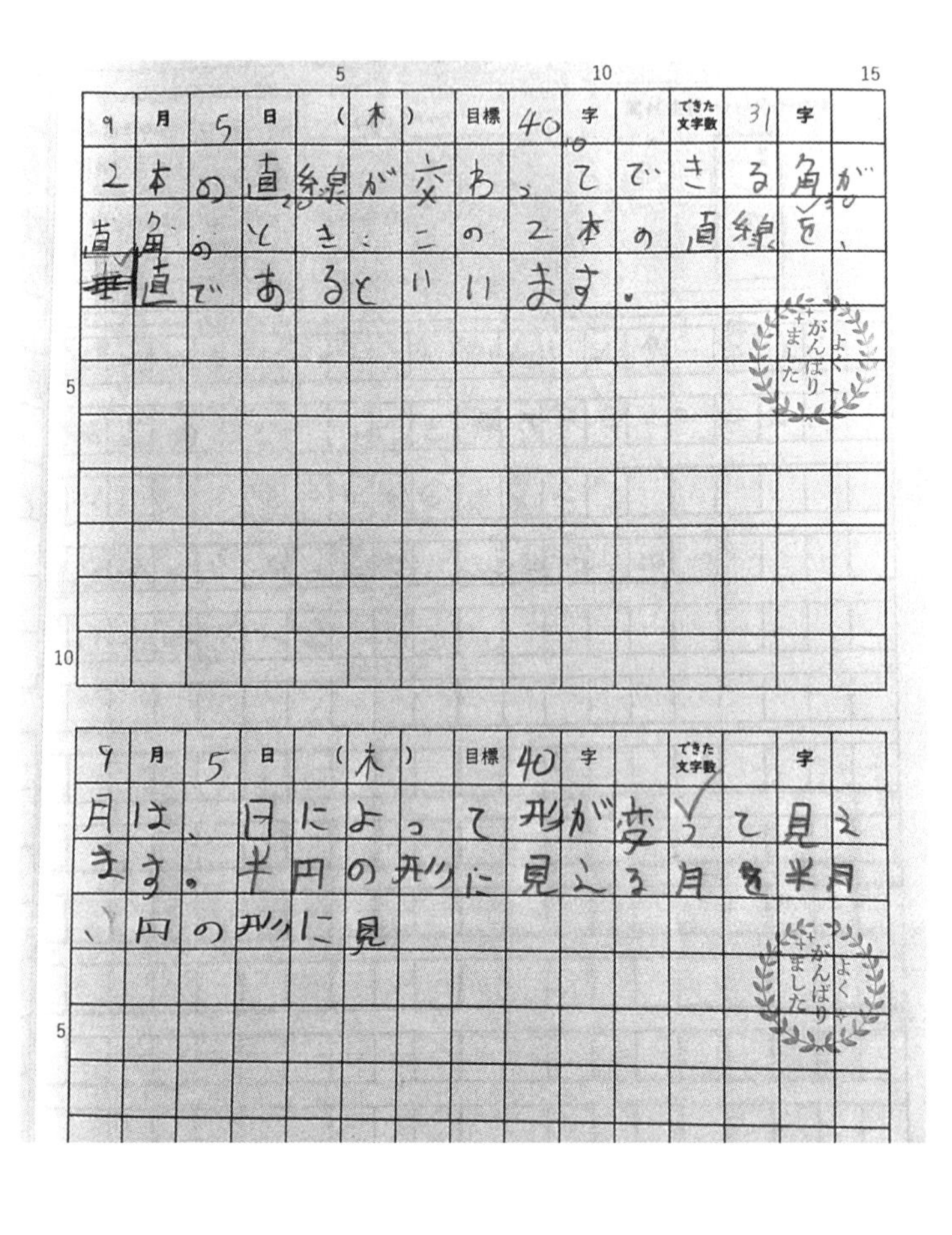

相馬市と桜丘小学校の取り組みについてはのちほど詳述します。

時間が来たら、そこでストップ。書けたところに「—」のように区切りの印をつけて、あと30秒で区切りのよいところまで視写します。

隣の席の人とノートを交換し、間違っている箇所、字が汚なすぎて判読できない箇所などに赤鉛筆で印をつけます。戻して、字数を数えます。ここで暗算が必要になります。ノートのマスは、横10字か15字か20字を推奨するのはそのためです。横10字で2行半書けたら25字とか、横15字で3行と3文字書けたが2文字間違えたら46字というように、さっと計算できるようになるので、算数の課題外在

表6-1　トレーニング後の小学生の平均視写数

学年	1年生	2年生	3年生	4年生	5年生	6年生
文字数／1分	21	39	46	51	42	62

性認知負荷を下げるのに効果的です。

このように、黙読↓音読↓聴読↓視写↓校閲という5つの異なる刺激を通じて、前回の授業の一番重要なところを読ませるというのが、このトレーニングの意図です。

桜丘小学校から、小学2年生がこのトレーニングに取り組んでいる様子を写したビデオが送られてきて拝見しました。例外なく、どの子も必死に視写に取り組んでおり、その集中力と速さにこちらが感心させられました。

最後に、簡単な質問にひとつ答えさせることで、今読んだ内容を改めて意味に落とし込みます。たとえば、「何にフェノールフタレイン溶液を入れると赤くなりますか」と質問し、「アルカリ性の水溶液」と答えさせることで、イメージとして記憶に刻み込みます。

ですから、これは「国語の同じ文章を、10回きれいな字で書き写す」昭和時代の視写とは似て非なるものです。なかなか自宅で復習しない、(あるいは復習の仕方を知らない)シンは読解力が低めの子どもたちが、授業の本丸の課題に取り組めるようになるための課題外在性認知負荷圧縮トレーニングなのです。

このトレーニングを紹介すると、「学力が高い子にとっては退屈ではないか」というご意見をいただきます。そうかもしれません。

ですが、第3章で見てきたように、クラスメートのRSTの能力値が上がると、クラスが落ち着き、コミュニケーションが成立しやすくなります。授業のレベルも上げられます。そうなれば、学力が高い子にとっての恩恵も大きいのではないでしょうか。

相馬市のキセキ

あちこちの自治体や学校で「RSノート初級編」をご紹介するのですが、残念ながら、なかなか実践してくれるところはありません。

先生たちが猛反発するのです。「読解力は授業の工夫で上げるもので、こんな定型的なトレーニングでは上がらない」とか、「子どもたちが嫌がるに決まっている」とか、「デジタル文書からコピー&ペーストできる時代に、なぜ視写させなければいけないのか」とか、散々な言われようです。

実は、子どもたちは、目標を立てて、短時間に、クラスメートと競争しながらする知的トレーニングが大好きです。一時、「百マス計算」が大流行し、子どもたちが嬉々として取り組んだことを覚えていらっしゃる方も多いでしょう。

ところが、百マス計算のブームは数年で過ぎ去りました。「いくら百マス計算に熟達しても、算数や数学の真の学力にはつながらない」という教育学者からの猛批判を浴びたためです。珠算や漢検で優れた成績を修めたからといって、数学や国語の学力に直結しないように、百マス計算そのもので学力が上がるわけではありません。ただ、この批判はやや狭量な気もします。算数や数学で、本丸の問題解決に割くワーキングメモリを十分に残すには、単純計算につまずいていては困ることも事実だからです。そして、単純計算に熟達するにはトレーニングは欠かせません。問題は、一時、学校現場や家庭で、「百マス計算さえしておけばいい」というように手段が目的化してしまったことにあります。そうなると、害が利を上回ります。トレーニングそのものは決して悪ではありませんし、子どもの個性を奪うものでもありません。適切で合理的なトレーニングメニューがあり、学びの集団の中で、互いの存在に刺激を受けながら、日々少しだけ難しいことにチャレンジするのは、子どもにとってもやりがいのある楽しいことです。そう説明しても、「トレーニングアレルギー」に陥ってしまった先生たちは、なかなか信じてくれません。

そんな中、私を信じて実践してくれる自治体が現れました。福島県の相馬市です。

相馬市は、福島県浜通りに位置する市です。北緯は福島市とだいたい同じくらいでしょうか。海に面していることから、２０１１年の東日本大震災では大きな被害を受けました。ただ、復興スピードが速かったことで知られています。また、コロナ禍中では、あっと言う間に高齢者のワクチン接種を済ませました。ほかの自治体が高齢者へのワクチン接種を開始した頃、すでに大人のワクチン接種は終了し、高校生の接種にとりかかっていたことでも有名です。

どうしてそんなことが可能だったか、話を聞いて驚きました。

「2ヶ月先の期日を指定して、『あなたはこの日にワクチン接種してください』と連絡をし、どうしても都合がつかなければ市役所に連絡をするようにお願いすれば、大丈夫だろう」と医師でもある立谷秀清市長が考えたそうです。確かに65歳以上のシニア世代であればそうでしょう。私は「なるほど！」と膝を打ちました。

市長の想定どおり、ほとんどの市民が、市役所が指定した日にワクチン接種を終えました。問い合わせの電話で、市役所の機能が麻痺することもありませんでした。ほかの自治体はその頃、オンラインでワクチン接種の日を予約するシステムを稼働させるのに苦労していたことが思い出されます。

相馬市は2020年にＲＳＴを導入し、「読解力の向上」を学校教育の最重要施策に位置づけ、市内すべての小中学校で取り組みを進めました。相馬市のすごいところは、小学6年生、中学生の児童生徒だけでなく、市内のすべての小中学校の教員にＲＳＴを受検させたことです。「実際にＲＳＴを受検しなかったら、ＲＳＴで問う力が何かわからないから指導できないだろう」というもっともな理由からですが、そのような決断ができる自治体はわずかです。

予算を確保してみたものの、先生方が受検をしたがらず、生徒の受検率が98％を上回っているのに、教員の受検率は20％を下回るような自治体も少なくありません。

さらに、私が所長を務める「教育のための科学研究所」の目黒朋子主任研究員を何度も招聘し、学校長はじめ、すべての教員にシン読解力向上のための具体的な取り組みの指導を受けさせました。

相馬市は本気なのです。

具体的に、まず導入されたのが、「児童生徒が自分の目標文字数を決めて取り組む視写」と「板書の共書き」と、「教員が徹底的に教科書を読み込むこと」でした。

共書きとは、板書を先生と同じタイミング、同じスピードで子どもたちが写す、ということです。

そんなことができるわけない、と思うかもしれません。ところが、昭和や平成前半までは、「共書き」は広く実践されていたことなのです。

先生は、板書を始める前に、

「今日のめあては、『大工場と中小工場のちがい』です」

のように、何を書くかをはっきりと児童・生徒に口頭で伝えます。そして、児童・生徒から見えるように、やや斜めの角度から板書します。児童・生徒は、先生の声を聴き、すぐにノートに書き始めます。AIで言うところの、音声の文字変換です。同時に仮名漢字変換もしないといけないので、かなり認知負荷がかかります。が、それによって、漢字を覚え、学習語彙が定着し、その教科特有の言い回しや視点を習得します。

共書きについていくには、1分間に20文字は書ける必要がありますから、相馬市ではまず視写トレーニングを導入しました。このように、学校で実現したい理想の状況からバックキャストしてトレーニングメニューを導入していったのです。

もちろん、授業の中心は先生のお手製プリントから教科書とノートに取って代わられました。クラス全員の課題外在性認知負荷が下がったので、どの作業も手早く済むため、アクティブラーニングの時間も確保できています。まとめの欄が真っ白という子も、私が視察した桜丘小学校には、ほとんどいません。

その結果、相馬市の全国学力テストの成績は年々上昇しました。相馬市教育委員会の許可を得て、桜丘小学校の全国学力テストの正答率を全国と比較したのが表6-2です。

2021年は、全国の公立学校の平均に比べ、国語は7ポイント以上、算数は9ポイント以上低い状態でした。しかし、翌22年は全国平均並みになり、23年は全国を大きく上回っています。桜丘小学校だけでなく、相馬市全体でも全国平均を上回ったとのことで、「学テ始まって以来の快挙」だとうかがいました。

特に、記述式部分の白紙率が下がり、正答率が上がったことが大きく寄与しています。「書くことへの心理的ハードルが下がる」ことが、まずは記述式に答えを書くことにつながるのです。

相馬市に刺激されるように、新潟県燕市、富山県立山町、鹿児島県西之表市などでも、「RSノート初級編」や「共書き」が導入され始めました。燕市や立山町、西之表市も、やはり全国学テで全国平均を上回るようにな

表6−2　桜丘小学校の全国学力テストの正答率（％）

国語	桜丘小	全国（公立）
2021年	57	64.7
2022年	66	65.6
2023年	70	67.2

算数	桜丘小	全国（公立）
2021年	61	70.2
2022年	65	63.2
2023年	66	62.5

りました。特に、西之表市の榕城小学校は「爆上がり」という形容がふさわしいほどに学力が改善したのです。こうしたベーシックな指導で中学生以上の学力も上がるのか、と疑問に思われる方も少なくないかと思いますが、ベーシックな指導によって子どもたちの課題外在性認知負荷が下がると、本丸の授業がやりやすくなります。

うわの空の生徒や、机につっぷしたままの生徒の数が顕著に減り、話し合い活動の内容も濃くなります。立山町の雄山中学校では実際、そのような効果があり、全国学テの成績向上につながりました。

学校全体でRSノート初級編に真面目に取り組むと、3ヶ月もすると子どもは飽きてきます。上手にできるようになると子どもは飽きるものなのです。飽きずに同じことばかりする子のほうがむしろ心配です。

「飽きた」ということは、課題外在性認知負荷は十分下がったことを意味します。百マス計算も同じで、たぶん2ヶ月目になると飽き始めます。飽きたことをやらせ続けると子どもの可能性をかえって奪うので、次のステップに進みます。

RSノート初級編に3ヶ月取り組んだ子どもたちは、トレーニングに対する抵抗感がぐっと下がっています。鉄は熱いうちに打て。そのときこそ、個別最適化が必要なので、

「RSTの個票に基づいてその子に合ったトレーニングをさせる」ことをお勧めします。

RSTではABCDEの5段階評価で、小・中・高・大人向けに異なる学習アドバイスを提供しています。それが6分野あるので、アドバイスの総数は5×4×6＝120種類になります。本書でそのすべてをご紹介することはできませんが、そこからRSノート中級編「具体例同定」、「イメージ同定」のトレーニングを巻末の「トレーニング」編でご紹介します。

トレーニングで個性も伸びる

こうしたトレーニングを積んでいけば、誰でも定義文を読み解けるようになるし、グラフなどの資料を読み解けるようになります。また、どの先生でも同じように指導することができるようになります。

そう説明すると、「それでは子どもたちを画一的な人間に育てることになる。子どもには、自分の言葉で自分の考えを言える子に育ってほしい」と反論する方がたくさんいます。特に、熱心な先生ほど、そうおっしゃるのです。

でも、よく考えてみてください。「自分の言葉」ってなんですか？

私が思い浮かべる「自分の言葉で自分の考えを言う人」の代表は、元プロ野球選手の長嶋茂雄さんです。

長嶋さんはバッティングの極意を尋ねられて、「スーッと来た球をガーンと打つ」と答えたそうです。

まさに、自分の言葉で自分の考えを言う手本のような表現です。

先日もある大学のグループディスカッションでこんな言葉を耳にしました。信仰の自由を求めた清教徒を含む１０２人がメイフラワー号に乗ってアメリカに渡った事件についての説明です。

「イギリスがイジメたせいで、イジメられたほうがアメリカに逃げなくちゃならなくなって、マジ気の毒」

学習言語は、知識を誰にでも正確に伝えるために開発された、いわば人工言語です。解釈がバラバラになるような自己流の言葉では知識は伝達できません。ですから、自己流の表現よりも、「基本の書き方」に忠実に書くほうがよいのです。

大丈夫です。そんなことで、人間の個性が失われたりしません。「ほかの人に確実に伝わる文章」を心がければ心がけるほど、そして、トレーニングを積めば積むほど、かえってその人らしさを出せるようになるはずです。だって、その人が言いたいことの本質をより正確に伝えることができるようになるのですから。

第7章

新聞が読めない大人たち

２０１８年、私は当時のＡＩの「実力」と、中高生のシン読解力の実情を報告する本を書きました。その本のタイトルを『ＡＩ vs. 教科書が読めない子どもたち』としたのは、中学生や高校生のＲＳＴの能力値を見て驚いたからです。ですが、このタイトルが「大人は読めるが、子どもは読めない」と解釈されたとしたなら、「子どもたち」には申し訳ないことをしました。

２０１７年、私はＲＳＴを提供するための一般社団法人「教育のための科学研究所」を設立しました。問題作成には新聞や事典の記事なども活用できるようになり、２０２０年春からは、小学5年生以上であればＲＳＴを受検できるようになりました。これまでに50万人以上が受検しています。

ＲＳＴは、いまや、多くの企業の新入社員研修や採用試験で活用されています。ですから「大人が教科書を読めるか」や「大人は新聞を読めるか」も調査できるようになりました。

その結果、ホワイトカラーの現役ビジネスパーソンも、驚くほど教科書や新聞を読めていないことがわかりました。第３章でシン読解力は中学3年生まで徐々に上がり、そのあとはどの高校でも例外なく伸びが止まることをご紹介しました。どうやら、多くの人が「15歳のシン読解力のまま」大人になっているようです。

驚くほど大人が読めなかった新聞記事

ここからは、「大人が読めなかった新聞記事」をいくつかご紹介しましょう。

まずは、「係り受け解析」の問題です。

出典は2023年1月17日の日本経済新聞です。中学生の正答率は6・6％、高校生は20・0％に対して大人の正答率は24・4％でした。中高校生よりはだいぶよかったのですが、それでも、大人の中で最も能力値が高い層でも正答率が5割に達しませんでした。最も選ばれた選択肢は「EVシフト」です。この記事は、EVシフトそのものではなく、別のあるものの需要が期待できる、ということを伝えようとしています。

問題 01 | 係り受け解析

Q 次の文を読みなさい。

ガソリン車からEVへの大転換「EVシフト」は、自動車部品の製造に欠かせない工作機械にとって、EV部品の増産に向けた設備投資や、新たな加工に対応するための機械更新といった大きな需要が期待できる機会だ。

この文脈において、次の文中の空欄にあてはまる最も適当なものを選択肢のうちからひとつ選びなさい。

大きな需要を期待できるのは（　　　）である。

① EVシフト　② 工作機械　③ EV部品の増産　④ 設備投資

正解は「工作機械」です。「ＥＶシフトは、工作機械にとって大きな需要を期待できる機会」と書かれていますから。「ＥＶシフトに対する大きな需要が期待できる」と読んでしまった、という方は、冒頭の主語にひっぱられて誤読しやすい傾向があるのかもしれません。

次は「照応解決」の問題です。

出典は、２０２０年６月27日の朝日新聞です。正解は「３％の引き上げ」です。全体の正答率は31・９％、大人の正答率は32・５％でした。冒頭の１文に「今年の引き上げ額を巡る議論」とあり、最後に『３％』は見えづらい情勢だ」と締めくくられていることから、最低賃金の引き上げそのものに慎重論が

問題 02 | 照応解決

Q 次の文を読みなさい。

雇い主が働き手に最低払うべき時給「最低賃金」（最賃）の今年の引き上げ額を巡る議論が26日、始まった。過去4年は政府の旗振りの下で年3％のペースで引き上げられてきたが、今年は新型コロナウイルスによる経済への打撃を踏まえて政府や経済界から慎重論が出ており、「3％」は見えづらい情勢だ。

この文脈において、次の文中の空欄にあてはまる最も適当なものを選択肢のうちからひとつ選びなさい。

（　　　）に慎重論が出ている。

①3％の引き上げ　②最低賃金　③最低賃金の引き上げ
④ペース

出ているわけではないでしょう。ところが、「最低賃金の引き上げ」を選ぶ人が多く、記事の趣旨が伝わっていないことがうかがえます。

次に「推論」の問題を2つご紹介しましょう。提示文を読んだ上で、下に書かれている文が、「正しい」、「まちがっている」、この提示文だけからは「判断できない」を選ぶ問題です。

問題03で示された記事によれば、選択的夫婦別姓制度を導入してもよいと答えた人は、今回の調査では、42・5%で過去最高だったんですね。前回の2012年の調査から7ポイント上昇しています。前回は40%を大きく下回っていたことがわかります。

問題 03 | 推論

Q 次の文を読みなさい。

夫婦別姓を選べる「選択的夫婦別姓制度」を導入してもよいと答えた人は過去最高の42.5%。前回2012年から7ポイント増えた。これまでの最高は01年の42.1%。導入の必要はないと答えた人は29.3%で前回を7.1ポイント下回った。「夫婦は同姓を名乗るべきだが結婚前の姓を通称として使用できるよう法改正してもよい」と答えた人は24.4%だった。制度容認派のうち19.8%は自分も結婚前の姓を名乗りたいと回答した。

上記の記事が書かれた時点で、以下の文に書かれたことは正しいか。「正しい」、「まちがっている」、この記事だけからは「判断できない」のうちから答えなさい。

「選択的夫婦別姓制度」を導入してもよいと答える人の割合は、調査の度に高くなっている。

ところで、「これまでの最高は2001年の42・1%」とありますね。ということは、2001年より2012年のほうが低かったことになります。よって、「調査の度に高くなっている」は間違っています。素直でやさしい問題かと思いましたが、意外なほど正答率が低い問題でした。

数字が苦手な人もいれば、空間把握が苦手な人もいます。

問題04は、毎日新聞が小中学生向けに出している「なるほドリ」というコーナーの記事から採りました。原爆資料館の「南にある」平和大通りから原爆死没者慰霊碑を見ることをイメージしてみましょう。慰霊碑が見えるように、間にある原爆資料館の本館は高床式

問題 04 ｜ 推論

Q　次の文を読みなさい。

原爆資料館の正式な名前は「広島平和記念資料館」で、広島市中区の平和記念公園にあります。南側にある平和大通りから原爆死没者慰霊碑がみえるように、本館は高床式で建てられました。

上記の記事が書かれた時点で、以下の文に書かれたことは正しいか。「正しい」、「まちがっている」、この記事だけからは「判断できない」のうちから答えなさい。

南から順に、平和大通り、原爆資料館、原爆死没者慰霊碑がある。

で建てられたわけですから、南から順に「平和大通り、原爆資料館、原爆死没者慰霊碑」の順に並んでいるはずです。正解は「正しい」です。

残念なことに、この問題の全体正答率は26・6％にとどまり、しかも能力値が高い人でも正答率が50％に達しませんでした。「判断できない」を選ぶ受検者が、中高校生だけでなく大学生にも、一流企業に勤める社会人にも、先生にも多かったのには驚かされました。

次に解いていただくのは、「同義文判定」の問題です。

問題05の出典は2020年12月21日付けの朝日新聞の記事です。同義文判定というのは

問題 05 ｜ 同義文判定

Q 次の文を読みなさい。

東日本大震災の津波で危機管理対応の要となる庁舎の浸水が相次いだ教訓から、国は庁舎建設の財政負担を軽減する制度を設けるなど、高台移転を推し進めてきた。

上記の文が表す内容と以下の文が表す内容は同じか。「同じである」、「異なる」のうちから答えなさい。

東日本大震災では、津波の危機管理対応を担う庁舎の浸水が相次いだ。その教訓から、国は庁舎建設の財政負担を軽減する制度を設けるなど、高台移転を推し進めてきた。

２つの文章が同じことを示しているかどうかを判断します。正解は「異なる」です。正答率は全体で13・８％だったのですが、大人は８・８％でなんと9割以上が不正解でした。

最初の文では「津波」によって「危機管理対応の要となる庁舎」の浸水が相次いだと書かれていて、庁舎が浸水した理由が「津波」であることがわかります。しかし、下の文では「津波の危機管理対応を担う庁舎」が浸水したとあるだけで、浸水の理由が「津波」だとは書かれていません。東日本大震災に関する文なので読み過ごしてしまいそうですが、正確には同じことが書かれた文ではないのです。

では、最後に武田鉄矢さんも苦手とする、円グラフの問題を解いていただきましょう。出典は、毎日新聞の『Ｎｅｗｓがわかる』（２０１7年3月号）です。

問題06は、円グラフを見ると「転落経験あり」が約3割ですから、まず②は当てはまりそうですね。①と④は当てはまりません。残る③はどうでしょう。転落経験のある約３割のうち、約7割が「いつもの駅」で転落しているので、「23％がいつもの駅で転落した」③は正しそうです。正解は②と③です。けれども、この③を選ぶのがたいへん難しかったようで、②しか選ばない方や①を選ぶ方が続出しました。

問題 06 | イメージ同定

Q 次の文章を読んで、駅ホームからの転落経験に関する調査結果のグラフとして適切だと思われるものをすべて選びなさい。

ホームを歩く視覚障害者は危険と隣り合わせだ。毎日新聞と日本盲人会連合が視覚障害者を対象に実施したアンケート調査では、回答者222人のうち約3割に転落経験があり、そのうち約7割が「いつも利用する駅」で転落していた。

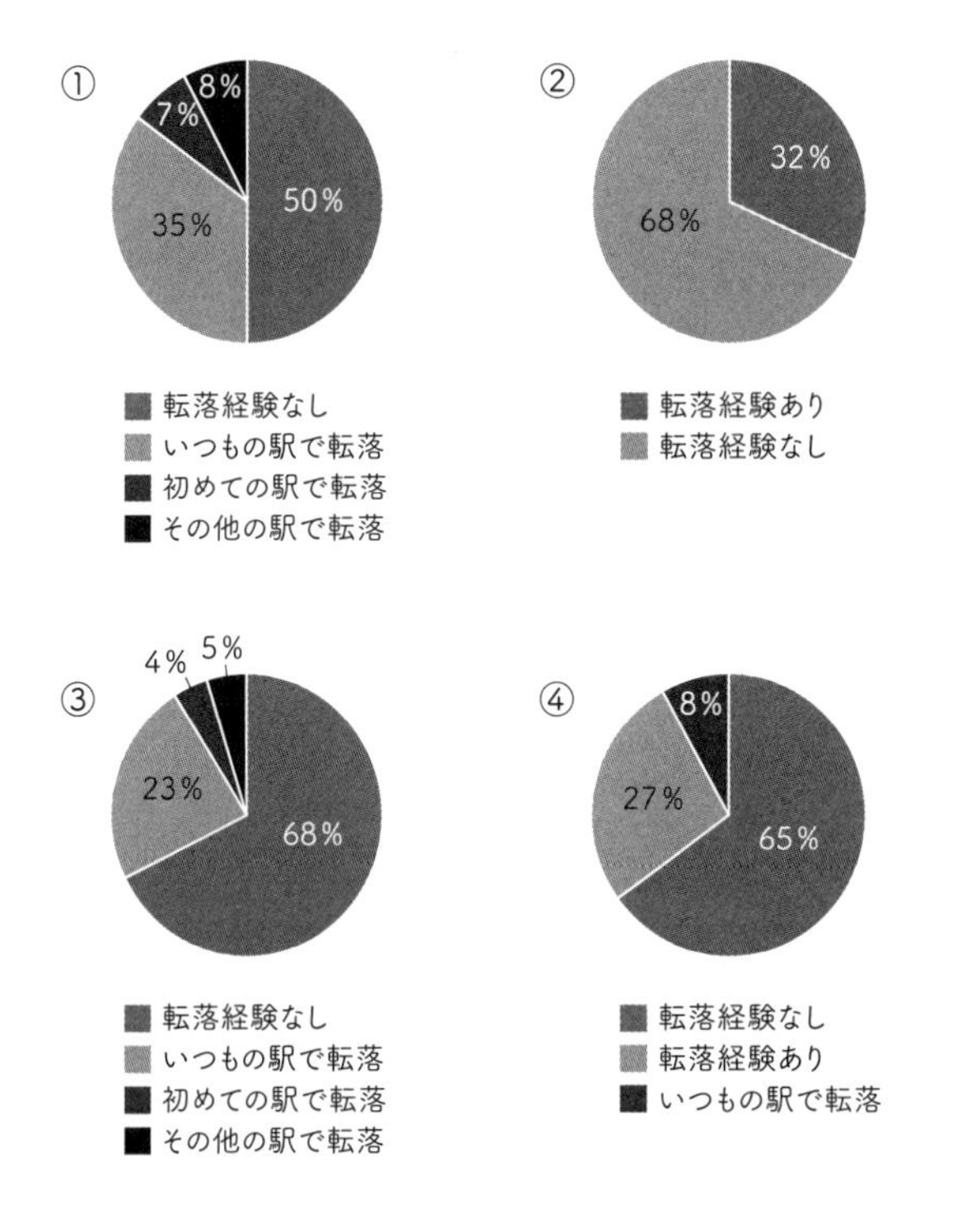

いかがだったでしょうか。全問正解できたでしょうか。そういう方は少数派だったのではないかと思います。

RSTでは、多様な背景を持つ方々に事前に問題を解いていただき、その正答率や傾向を分析し、能力値を測る本試験に出題するのが適切かどうか、検討会議を開きます。これまでご紹介した6問は、正答率が低すぎる、能力値が高い人と低い人を識別できない、などの理由で、本試験への出題を断念しました。出題したい問題を出すことではなく、RSTの測定精度を維持することが重要だからです。

「今どきの若い社員は読解力が低い」という嘆きの原因

本章を書くにあたり、改めて、千人以上の規模で社員または入社希望者にRSTを受検させた企業をピックアップし、再分析しました。

能力値の最小値と最大値を調べたところ、例外なく能力値がマイナス2（偏差値30、下位2・5％）を下回る受検者が見つかりました。くどいようですが、この能力値は、「小学5年生以上全員」の中での位置で、能力値0は中学2年生の平均になるように調整されています。その上で、下位2・5％にいるというのは、教科書や新聞だけでなく、業務のメールやマニュアルを正しく読むのも難しいと言えるでしょう。

「今どきの若い社員は読解力が低い」という言説が正しいかどうかについても調べてみました。結果は「会社による」です。

能力値を比較すると、「50代＞40代＞30代以下」というように年齢の高い順に並んでいる会社もあれば、逆に「30代以下＞40代＞50代」と年齢の低い順に並んでいる会社もあります。

なぜ、そのような結果になるのでしょう。

私はひとつの仮説を立ててみました。それはこうです。

「求人市場で人気がある会社は、ＲＳＴ能力値が高い人材を獲得できる」

第3章でご紹介した「1年で劇的にＲＳＴの能力値が上がった高校」を分析し、入試の倍率が理由だったことからヒントを得た仮説です。

科学的に検証するのは難しいのですが、新入社員研修の一環としてＲＳＴを受検したＭ社とＮ社という2つの一部上場企業の新入社員のＲＳＴ能力値を、許可を得て比較してみました。どちらも文系の学生に人気があり、親世代からも「あそこなら安心、ご近所にも胸を張れる」と思われるような会社です。

ところが、RSTの結果は大きく違いました。

M社では、4割以上が社会人の上位7％にあたるA判定を得ています。eラーニングを使っての新人研修や文書でのコミュニケーションがうまく機能しそうです。

一方のN社では、RSTのどの分野もM社より低い結果になりました。A判定を得たのは、新入社員の2割以下です。しかも、N社には「下位31％」のD判定以下の新入社員が1割近くいます。そのような社員はM社にはひとりも見られませんでした。

N社が採用したある社員の能力値の実際のデータで確認してみましょう。

表7-1をご覧ください。RSTの能力値は中学2年生の平均が0になるように調整されています。中学生の平均に達しているのはイメージ同定だけで、ほかの項目は中学生の平均を大きく下回っています。特に、ブレなく頑健に文書を読むための係り受け解析と、定義を読むために必要な具体例同定の力がとても弱いことがわかります。

「面接で気づきませんでしたか？」

人事担当の方に尋ねると、うーんと頭を抱えて、

「はきはきしていて、背筋がぴんと伸びた、好青年だったんですよねぇ……営業にうっ

てつけだと思ったんですが……」

と、述懐されました。

「でも、定義を読めないと、コンプライアンスを守るのは難しいですよ。推論がマイナス0・6ですと、リスキリングも厳しいでしょうし」

そうお伝えすると、がっくり肩を落とされていました。


M社、N社の採用活動に大きな違いはありません。どちらも同じような方法で入社希望者のスクリーニングを行っているにもかかわらず、採用した新入社員のシン読解力の能力値には大きな差が現れました。

どうやらその理由は人気の差にあるようです。M社とN社はどちらも有名企業ですが、

表7-1 N社のある社員のRSTの能力値

係り受け	同義文	イメージ同定	照応解決	具体例同定	推論
−0.728	−0.489	0.007	−0.269	−0.812	−0.602

就職希望企業ランキングを見ると、M社のほうがN社よりずっと上なのです。

この結果は、少なくとも大企業の新規採用においては、「人気がある企業ほど、RST能力値が高い人材を獲得するのに有利だ」という仮説の妥当性を示唆しています。

そう思って眺めてみると、RST能力値が「50代＞40代＞30代以下」と年齢の高い順に並んでいる会社では、会社あるいは業種そのものの人気に翳りが出ていることに気づきます。新規採用がうまくいっていないのではないかと心配になります。「今どきの若い社員は読解力が低い」とシニア層がぼやいている会社は、学生から敬遠されているのかもしれません。

一方、「30代以下＞40代＞50代」と年齢の低い順に並んでいる会社には、たとえば統合効果で社格が上がったところや、広告効果で「就職したい会社ランキング」の順位を近年上げている会社などが並びます。ただし、「文書を読める新入社員」の獲得には成功していますが、RST能力値がマイナス1（偏差値40、下位16％）を下回るような「文書を読めない上司」が、昭和の感覚で「俺に読めるような文書を持ってこい！」などと言うと、「この会社では期待していたようなスキルアップができそうにない」と転職されてしまうかもしれません。

ＲＳＴを使った採用戦略

売り手市場の就職戦線の中、近年は、ＲＳＴを新入社員採用試験に使う企業が増えてきました。興味深いのは、ＢｔｏＢ（企業間取引）や外資系の優良企業が多いことです。

大学生や大学生の保護者が名前を知っている有名な企業の利益率やグローバルなマーケットシェアが高いとは限りません。むしろ、「え？　どこの会社？　聞いたことがない」と言われるような会社の中にこそ、利益率がよく福利厚生が充実していて給料も高い優良企業があったりします。

ただ、学生や保護者は、そこまで調べません。先が見通せない世の中だからこそ、学生や保護者は保守的になり、「聞いたことのない会社」は敬遠されがちになります。当然、売り手市場の就職戦線では苦戦を強いられます。そのため、入社希望者の能力の見極めが、いわゆる有名企業より一段と重要となります。

多くの企業は採用活動の際、「ＳＰＩ」というリクルートマネジメントソリューションズ社が開発した適性検査を利用しています。ＳＰＩは「Synthetic Personality Inventory（総合適性検査）」の略で、性格特性や基礎的な知的能力といった短期間では変化しにくい個人の資質を測定しているそうです。

ＳＰＩを採用活動に利用し、ＲＳＴを新入社員研修や採用活動に活用している会社の人事担当の方にうかがうと、どの方も「ＳＰＩとＲＳＴには、ぜんぜん相関がありませんね」とおっしゃいます。あらゆる学力テストと相関係数０・５程度以上を誇ってきたＲＳＴとしては、なぜＳＰＩと無相関なのかは謎なのですが、どの会社の人事部も口を揃えてそう言うので、きっとそれが事実なのでしょう。

優良企業にもかかわらず、知名度が相対的に低いがゆえに人材確保に苦戦している企業が、採用活動にＲＳＴを活用している理由がこれでわかった気がしました。ＳＰＩが取りこぼしている「シン読解力のある人材」を採用するための合理的な戦略なのでしょう。

最近、とある有名ＩＴ企業の役員の方から、こんなことを言われました。

「(下請けや孫請けの) 協力企業には、せめてＲＳＴの平均能力値が１を超える人材を出してほしいのだが……」

大規模なシステム構築、たとえば金融システムの更新などでは、直接受注した会社だけでは人手が足りません。下請け、孫請け会社に協力を求めることになります。いくら自分の会社の社員のシン読解力が高くても、下請けや孫請けの社員のシン読解力が低くて、仕様書が読めない、書けない、システム起動時の手順書を守れないようでは、思っているような工期で納品できず、最悪の場合、何日も泊まり込み作業になってしまいます。そうなると、当初予定していた利潤が飛んでしまうことでしょう。

「東ロボ」や「ＲＳＴ」の開発に携わって以降、企業でお話ししたり、採用や研修のご相談を受けたりする機会が増えました。お話をうかがっていると、30代後半から40代前半の課長や課長代理などの中間管理職の方々は、みなさん、同じような悩みを抱えておられます。

「部下が、意味不明の文書を提出してくるのです。昔だったら『こんなもの読めないだろ！』と突き返せばよかったのかもしれませんが、今は『パワハラだ』と訴えられかねません。がんばって赤字を入れて丁寧に指導しても、似たような文書を再提出してくるので、指摘するのに疲れてしまいました。自分が書いたほうが楽だと思って代わりに書いていたら、どんどん多忙になってしまいました」

このようなことは、日本中の企業や役所、学校で起こっています。未来のノーベル賞を、と期待されるような研究者が、大学院生の読み書き指導に追われるという信じ難い状況すら起きています。

「読めない、書けない」は、明らかに日本の生産性を下げているのです。

実際に企業や大人向けに行ったコンサルティングやトレーニングの中から、効果のあった、具体的な「シン読解力トレーニング法」については、巻末の「トレーニング」編にまとめました。

まずは、組織の状態をRSTで確認しておくと、今必要なトレーニングを把握でき、費用対効果が上がります。

これまでRSTを受検してきた会社を分析した結果、少数精鋭の特殊な組織を除くと、社内のシン読解力は、高校や大学に比べて、むしろ広く分布する傾向があることがわかりました。特に、毎年、大勢採用し、職域も多岐にわたるような大企業では、公立中学校並みに分散が大きくなります。新卒採用では、面接による第一印象が重視されるからかもしれません。

職域や職位によってもRSTの能力平均値に差がありますが、意外なことに40代や50代の管理職にもRSTの能力値が低い方はおられます。人事部の許可を得て、そのような方に会ってお話ししてみると、ガッツとコミュニケーション力と努力で成功してきたという印象を受けることが多いです。

そういう方々を否定するつもりはまったくないのですが、「今の若い社員は、やたらと資料ばかり作るからダメだ」、「報告書なんて大して意味はない」と決めつけたりするので、目を丸くすることもありました。部下とコミュニケーションエラーを起こしたり、テクノロジーを誤読して、あらぬ方向に舵を切ったりしてしまわないか案じられます。

そこで数年に1回、全社でＲＳＴを受検してみることを私はお勧めしています。受検の結果から、「ＲＳＴの能力値が低いのに、人事評価だけが高い層」をまず抽出します。

ＲＳＴの平均能力値が1を下回ると、説明文の読み書きやチェックに苦手意識があるはずです。にもかかわらず人事評価が高いということは、有能な部下に上手に任せることによって、部署としての生産性を上げる包容力のある上司か、あるいは部署全体に無理がかかっているかのいずれかの可能性がありそうです。

現場へのヒアリングで「○○さんは若手のアイデアによく耳を傾けてくれ、仕事を任せてくれるのでやりがいがあります」といった声が聞こえてくるようなら、問題はないかもしれません。一方、部署として残業が増えていたり、若手社員が次々に辞めていたりする場合は、注意する必要があるでしょう。

逆にＲＳＴの能力値が抜きん出て高いのに、人事評価が低い人にも着目します。

読めるのに評価されないということは、能力と業務内容の間にミスマッチがあるかもしれません。業務変更によって活躍してくれるようになれば会社も本人も幸せでしょう。

前述のように、シン読解力が高い社員を採用できるか否かは、会社の「人気」によって左右されている可能性があります。ＢｔｏＢ系や新興の会社で、なかなか大学生に名前を覚えてもらえないようなところは、広報活動やインターンシップの充実に投資する必要がありそうです。一方、利益率のよい会社は、有能な人材を好条件で迎え入れることができますから、中途採用に力を入れるのがよさそうです。

採用の際にはＲＳＴを受検してもらい、メールや添付ファイルなど文書中心のコミュニケーションが円滑に図れるか、部下の文書を指導できるか否かも見極めることをお勧めします。実際、すでに中途採用にＲＳＴを導入している会社がいくつもあります。

とは言え、この人手不足です。広報活動や事前スクリーニングだけで、求める人材が集まるとは限りません。そうなると重要になってくるのは、最初の半年にどんな研修をさせるか、ということになりそうです。

新入社員にまずＲＳＴを受検させ、自分のシン読解力のレベルについて自覚を促すとよいでしょう。その上でＲＳＴのアドバイスを渡し、本格的な業務に就くまでにアドバイスに沿って自己研鑽するように求める、という研修方法です。

その具体的な研修方法は巻末の「トレーニング」編をご覧ください。初級編（大人数向け）、中級編、上級編（少人数向け）に分けて、ご紹介しています。企業研修向けというわけではなく、個人がひとりでもできる内容ですから、ご興味ある方はぜひお試しください。

あとがき

私には今も鮮明に覚えている、気まずい思い出があります。

高校時代の昼休みのことでした。「国語って、どうやって勉強したらいい？」と、同級生の女の子に聞かれたのです。それほど親しい仲ではない私に、そんなことを聞くなんて、よほど悩んでいたのでしょう。

彼女の手には、国語のノートが握られていました。見せてもらうと、整った字で、国語の板書が写されていました。一方の私は、板書を写すどころか、国語のノートをそもそも作ってさえいませんでした。予習も復習もしていません。にもかかわらず、国語の成績はいつもクラスで一番でした。

どうしてだろう……と慌てて考えてみたのですが、何も思いつきません。咄嗟に私の口から出た言葉は、「文学読んでみたら？」でした。それが正解だという理由も自信もありませんでしたが、当時の私にはそれ以外の答えが見つからなかったのです。意を決して助けを求めてきた級友に、いい加減なことしか言えなかった……その棘は40年以上経った今も抜けません。

「まえがき」でも書いたように、当時、私は数学が大嫌いな高校生でした。数学が苦手だという理由だけで、自分は文系だと固く思い込んでいました。今、「リケジョ（理系女子）」を育成するためのイベントなどに大規模な教育投資が行われています。けれども、仮に当時そのようなイベントがあったとしても、私は決して足を運ばなかったでしょう。自分の人生に、理系、ましてや数学が関係するなどと考えられなかったのです。

つまり、高校生の私は、国語はできるのに、なぜか数学は読めないという状態に陥っていたのです（当時は、「読めない」という自覚がなく、「解けない」と思っていましたが）。やる気はそこそこあるのに、特定の科目に強い苦手意識がある——その状態は、高校3年間で改善されるどころか、逆に強化されてしまったという記憶があります。

リーディングスキルテスト（RST）という「シン読解力」を測るためのテストを開発し、小学5年生から大人まで50万人以上に受検していただきました。そのデータを分析して初めて、高校生だった自分と国語ができなくて悩んでいたクラスメートに、私は自信をもって言うことができます。

あなたや私が国語や数学が不得意だったのは、私たちのせいじゃない。私たちに才能がないからでも、頭が悪いせいでもない。単に「それぞれの教科の教科書を読めるようになるための手段とトレーニング法が確立されていないせいだ」と。

私が本書で、みなさんにお届けしたかったメッセージはごくシンプルなことです。日本では、学校で学ぶべき内容は教科書に書かれています。教科書は「読めば誰もがわかるように」、かなり工夫して書かれています。東大の入試といえども、その範囲を超えた出題はできません。そして、教科書を「読める・読んでわかる」ようになれば、学力は自然に上がることが、RSTの結果からわかっています。

「教科書を読んで、わかるようになる」ことを、改めて学校教育の役割の真ん中に置いてみてはどうでしょう。そして、「教える」という行為を、「教科書を読んで、なるほど、とわかるようになるよう支援する」と捉え直してはどうでしょう。知識を教え込むのではなく、読んで自分でわかるようになるように伴走し、科学的なトレーニングを提供するのです。そうして身につけた「シン読解力」は、テクノロジーが進化する時代にも陳腐化しない一生モノのスキルになるでしょう。

「学びたいことは本やネットでいくらでも身につけることができるので、学校はもう必要ない」と言って、子どもたちが笑って卒業してくれるのが理想だと私は思っています。

本書を執筆するにあたり、多くの方々にご支援いただきました。最先端のテスト理論を駆使して、ＲＳＴを信頼性の高いテストになるよう工夫をしてくださった尾崎幸謙さんと登藤直弥さん、そして50万人の受検データを再分析し、本書の核となる仮説の検証をしてくれた菅原真悟さんに心から感謝します。そして、多様な教育論があふれる百家争鳴の状況の中で、「シン読解力」の力を信じ、粘り強く実践をしてくださった多くの学校や教育委員会、特にその中心的存在となった福島県の勉強会「Ｆ-ラボ」の先生方に心から御礼申し上げます。

「国語はできるのに数学はできなかった」私の経験を「学習言語」という観点から読み解けたのは、新井庭子さんとの何百時間にもおよぶ対話を通じてでした。その幸福な時間に感謝します。また、『ＡＩ vs. 教科書が読めない子どもたち』に引き続き、岩本宣明さん、山﨑豪敏さん、永濱詩朗さんにはたいへんお世話になりました。ありがとうございました。

本書を、故松坂和夫先生に捧げます。「数学なんて何の役にも立たない」と決めつけていた18歳の強情な私に、先生は穏やかに粘り強く、毎週、数学語の読み書きを教えてくださいました。松坂先生が授けてくださった数学語という「きびだんご」のおかげで、私は鬼ヶ島のような社会を無事に渡ることができました。心から御礼申し上げます。

Training and Column

トレーニング＆コラム

大人のためのトレーニング

初級編❶

実は、助詞を選べない

会話をしているときやLINEなどで短いやりとりをしているとき、私たちは、それほど助詞を意識していません。ですが、説明文を書くときには、その選択によって解釈が大きく異なることがあります。

以下の問題をご覧ください。同義文判定の問題です。

問題	同義文判定

Q 次の文を読みなさい。

水星・金星・地球と火星は地球型惑星である。

上記の文が表す内容と以下の文が表す内容は同じか。
「同じである」「異なる」のうちから答えなさい。

水星・金星・地球や火星は地球型惑星である。

どこが違うかというと、たった1文字「と」と「や」だけです。

答えは「異なる」です。これを「同じ」だと考える人が意外に多いのです。

「と」も「や」もどちらも「ものごとを並べるときに使う」言葉ですが、「と」は並べたものですべてのとき、「や」は例示のときに使います。ですから、ひとつ目の文は、水星と金星と地球と火星「だけが」地球型惑星であることを意味しますが、2つ目の文は、地球型惑星の例には水星や金星や地球や火星がある、ということを意味します。

私たちは今、リーディングスキルテストに続いて、リテラシーテストというテストを開発していますが、その過程で、RSTの能力値を左右する最もプリミティブな要素が、助詞の使い方の流暢さらしい、ということがわかってきました。キーワードだけ読み、助詞を正しく解釈しないと、誤読が頻発するので、新入社員の段階で確実に身につけたいことです。

私が今、新入社員向けにお勧めしている最初のトレーニングは、キーワードの穴埋めならぬ「助詞の穴埋めトレーニング」です。方法は簡単で、新入社員研修でセミナーを受けさせたり、eラーニングでコンプライアンス研修をさせたりしたあと、それに関連する文書から助詞を抜いたものに、適切な助詞を埋めさせるのです。

やってみないとわからないかと思いますので、中学校の教科書から出題してみますね。

下記の文章の□に適切な助詞を入れてください。□に入る助詞

はそれぞれ1文字ですが、「は」は使わないことにします（「は」は何にでも使えてしまう助詞なので、使わないルールにしたほうが、答えが一意に決まりやすいのです）。

> 幕府は、将軍□1万石以上の領地をあたえた武士□大名として全国に配置し、各地□支配させました。大名□与えられた領地とそれを支配する組織□藩と呼ばれます。

正解は、「が／を／を／に（が）／が」です。

高校入試を終えたばかりで、主要5教科の内容を最もよく覚えていると思える中学3年生に、幕府と大名と領地について書かれている教科書の見開き2ページを資料として提供した上で解かせてみました。すべての助詞を正しく書き入れることができた生徒はなんと4%（157人中）にとどまりました。

ひとつの助詞を正解すると1点と計算して、RSTの係り受け解析との相関を調べたところ、相関係数は0.473（1%水準で有意）でした。どうやら、助詞を流暢に使えるかどうかと、日本語の文の構造が身体にしみついているかには強い関係がありそうです。

研修では、その日にあったセミナーで聞いた話や、e ラーニングでやったばかりの内容について、上記のような「助詞の穴埋め」をさせると、「学んだことを、ほかの人にも理解できるようにまとめることができるか」を確認することができ、トレーニングに

もなります。

　個人的には、新聞社が1日1記事を選んで、「今日の助詞問題」として、スマホのアプリで解答できるサービスを提供してくれないだろうか、と思っています。助詞問題を解かせた上で、正解とその記事を読ませるという仕組みです。新聞が読まれなくなっている昨今、新聞記事を別の形のサービスに展開するアイデアとして採用してもらえたら、新聞購読者も増え、日本人のシン読解力も向上し、一石二鳥ではないでしょうか。

初級編②

ゼロ照応力をつける

シン読解力が低めの大人がまず取り組むとよい、もうひとつのトレーニングをご紹介します。やはり、使うのは新聞です。

新聞は字数制限が厳しいため、主語や目的語（連用修飾語）、代名詞、指示詞の省略が多くなります。代名詞や指示詞の省略のことを「ゼロ照応」と言いますが、ゼロ照応で省略されている言葉を見つけることが、文構造に対する意識を高めることにとても役立ちます。RSTでも、新聞のリード文を照応解決の問題として使わせていただくことが多いです。

このトレーニングは、リード文を音読し、リード文で省略されている主語や目的語を見つけ出して補う、というものです。

早速、やってみましょう。

次の文章は、朝日新聞から選んだリード文です。

米製薬大手ファイザーとドイツのバイオ企業ビオンテックが開発した新型コロナウイルスのワクチンについ

て、厚生労働省の専門部会は12日、製造販売の承認を了承した。早ければ14日に正式に承認され、17日にも医療従事者への先行的な接種が始まる見通し。

（2021年2月13日）

ゼロ照応がいくつかあります。それをまず見つけるところからこの課題は始まります。

では、省略されている箇所にカッコをつけてみましょう。

米製薬大手ファイザーとドイツのバイオ企業ビオンテックが開発した新型コロナウイルスのワクチンについて、厚生労働省の専門部会は12日、（　　）の製造販売の承認を了承した。早ければ（　　）は14日に（　　）によって正式に承認され、17日にも医療従事者への先行的な接種が始まる見通し（だ）。

ひとつ目と2つ目のカッコは「ワクチン」（正確には「米製薬大手ファイザーとドイツのバイオ企業ビオンテックが開発した新型コロナウイルスのワクチン」）でしょう。では3つ目のカッコには何が入るでしょう。

正解は「厚生労働省」です。厚生労働省の専門部会ではありま

せん。12日に専門部会は承認を了承済みで、それを受けて厚生労働省が14日に正式承認する見通しなのです。

実はこの箇所、照応解決の問題として出題を試みたことがあるのですが、大人の正答率が14.7%にとどまりました。

こちらはいかがでしょう。これはリード文からではなく、朝日新聞の『be』に2018年8月25日に掲載された記事からの引用です。

> 住宅金融公庫の1968年版年報によると、67年の戸建てプレハブ住宅の建設数は1万9千戸で全国の新築戸数の1.5％。民間の住宅ローンはまだ勃興期で、住宅ローンといえば公庫融資の時代。融資限度額は大きくなかった。この年、大都市とその近郊で、住宅だけなら80万円前後、土地つきで約140万円。

体言止めが多いので、ゼロ照応だけでなく、文末や接続詞も補って文章にしてみましょう。

> 住宅金融公庫の1968年版年報によると、67年の戸建てプレハブ住宅の建設数は1万9千戸で全国の新築戸数の1.5％にあたる。民間の住宅ローンはまだ勃興期で、住宅ローンといえば公庫融資の時代だった。ただ

し、(　　　)の融資限度額は大きくなかった。この年、大都市とその近郊で、(　　　)は、住宅だけなら80万円前後、土地つきで約140万円だった。

最初のカッコは「住宅金融公庫」、次のカッコは「公庫融資の限度額」です。2つ目のカッコを埋めるのが難しかったのではないでしょうか。実は、これもかつてRSTの照応解決の問題として出題してみたことがあるのですが、2つ目のカッコに「住宅ローン」や「戸建てプレハブ住宅の値段」を当てはめた大人が6割を超えてしまいました。

日本経済新聞は、IDを登録すれば、見出しとリード文までであれば、ほとんどの記事を読むことができます。このような手順で、毎日1本か2本、リード文のゼロ照応部分を認識し、それを正しく補うことで、構文を意識できるようになります。

会社でトレーニングを導入する場合は、新聞社となんらかの契約をして、個人情報を提供しなくても見出しとリード文まで読めるようにし、記事を毎日指定して、トレーニングさせるとよいでしょう。新聞社が正解も提供してくれると、人事部の手間が省けて喜ばれるだろうと思います。

中級編❶

報告書作成のための グラフの作り方と読み方

中級編のひとつ目は、資料、特にグラフの読み方のトレーニングです。

資料つきの報告書を作成したとき、上司に「なんだかよくわからない」と言われたり、「これでは判断できないから、過去5年分のデータをもう1回分析してみて」と仕事を追加されたりすることはありませんか？

いくつかの会社で、トップに報告をする人たちの様子をオブザーバー観察してきましたが、社長や役員から、こういう指摘を受けてしまう人には、共通点があります。それは、「グラフの読み方」の基本ができていないことです。

思い当たる方は、ぜひ、「子どものためのトレーニング」（「トレーニング＆コラム」39ページ）のグラフの読み方の基本を実践してみてください。

クリミア戦争に看護婦として従軍したナイチンゲールが、「兵舎病院の運営をどのように改革すれば戦病死者が減るか」について、数字嫌いのヴィクトリア女王を説得するために、（まだ円グラフや棒グラフもない時代に）レーダーチャートなど、さまざまなグ

ラフを考案したと言われています。

ヴィクトリア女王同様、上司、さらには経営層を説得するには、直観的にわかるグラフを資料として準備する必要があります。伝えたいことのシナリオに沿って、資料を準備するのです。

データはいまや多くの組織ではデジタルで管理されていますから、データをExcelに吸い上げ、折れ線グラフや円グラフにしたり、平均や分散を求めたりすることまでは、誰でもできます。

問題はそこからです。

「先月は商品Aがよく売れましたが、今月は商品Bのほうが多かったです」のような説明では、どうしようもありません。

まず、話題の対象の量と額のどちらについて話しているのかはっきりさせましょう。

次に、「昨年（先月）に比べてどうか」を示すには、基本的に引き算ではなく割り算をします。「いくら増えました」、「いくつ減りました」ではなく、前年比、前四半期比を求めるのです。

「事業が上向いているのか」を示すには、比の比が必要になります。過去5年間の前年比が1.5、1.3、1.2、1.1倍になっているなら、今年は昨年より「増えた」とは言え、事業は頭打ちになっていると言わざるを得ません。何か打開策が必要でしょう。

最近発見された懸念事項（例：残業時間が長くなっている、若手の退職率が上がっている、など）については、あらかじめ原因の仮説を立て、その仮説を補強するような資料も作成します。どの部署で残業が増えているか、職位によって残業時間に差があるなら、その観点で折れ線グラフを色分けします。散布図を作り、外れ値の人（例：特に残業が多い人）にヒアリングをしておくと原因について仮説を立てやすくなります。

報告書の文案を考えたり、資料を発表する際、「多い、少ない」、「増えた、減った」について言及したりするときには、量を表す言葉を的確に使います。「前年比1.1倍」、「副校長の残業時間が、管理職以外の教員の1.3倍」のように、必ず何かと何かを数量で比較します。使っていけないのは「けっこう」、「とても」、「かなり」、「少し」のような曖昧な言葉です。

「副校長の残業時間が長い」ということが問題になるなら、必ず原因探しが行われるでしょう。的外れな意見を言う人もきっといます。そこに、「特に学期末にあたる7月、12月、3月に限ると1.7倍」という資料がついていれば、「学期末に特有のなんらかの業務によって副校長の残業が増えている」ことがわかり、原因究明がしやすくなり、対策が立てやすくなるでしょう。

若手社員の研修では、社内で実際に使われたプレゼン資料を見せ、グラフの説明をさせてみると効果的です。他人が作った資料なので、どう説明すればよいかわからないという新入社員は多いに違いありません。そんなとき以下の点に注意してみましょう。

1. グラフのタイトルを使って主語を決める。
2. 円グラフでは多いものや少ないもの（ただし、「その他」は除く）に着目する。
3. 時系列グラフでは、増えたもの、減ったものに着目させる。
4. 積み上げグラフでは総量にも着目させる。

その上で、「増えた、減った」、「多い、少ない」について、的確に形容できるようにトレーニングします。「とどまった」、「改善した」など、状況に合った述語を選べるとなおよいでしょう。

中級編②

ルールを決める

中級編の2つ目はトレーニングではなく、社内の文書ルールを作成することです。これまでいくつかの企業の相談に乗ってきましたが、社内文書のフォーマットはいろいろ用意されていても、書き方のルールを整備しているところはありませんでした。

「大人なんだから、少し注意すれば、ちゃんと書けるだろう」と誰もが甘く見ているのでしょう。これでは、同じようなことを何度も注意することになり非効率です。

グループ内文書（日報など）、社内文書（報告書など）、外部向け文書によって、ルールは異なるでしょうが、まず、外部向け文書の書き方のルールをチェックシートとして整備し、その上で、社内文書やグループ内文書では省略してよいことは除外するとよいでしょう。

先日、とある企業の社員を対象に、「合理的ルールに基づいて、発表資料を修正する」というセミナーを行いました。発表資料の良し悪しではなく、「ルールに沿っているか」の観点から資料のブラッシュアップをします。そのとき共有したルールは以下のとおりです。

1. 1枚のスライド内で使う色は3つ以内が望ましい。多くても5色を超えない。
2. 英語の省略語は初出箇所では正式用語を書く。必要があれば修飾節でその説明を書く（例：他社のブランドで製品を製造するOriginal Equipment Manufacturing（OEM））。
3. 説明する予定のない概念図やイメージ図は使わない。
4. プレゼン予定の会場の後方からも無理なく読めるサイズの字を使う。概念図の中の文字も会場後方から読めるサイズを心がける。そうでなければその概念図は使わない。
5. スライドのタイトルと、その下に書く箇条書きの内容を一致させる。
6. 質問に備えて作成した参考資料は、「まとめスライド」のあとに「参考資料」としてつける。

パワーポイントのような便利なツールが登場してから、誰もがトレーニングなしに発表スライドを作成するようになりました。必要がないイラストやアニメーションを多用する人もかなりの数いらっしゃいます。

このセミナーでも前記ルールに対して、「全部当てはまってしまいました。泣きそうです……」と告白する中堅社員が少なくありませんでした。特に、1と3と4に該当する人はとても多いです。余白恐怖症と言いますか、スライドに余白があると、なんでもいいから図を入れたい衝動にとらわれるようです。その結果、文字サイズが小さくなり、スライド内の色数が多くなってしまうのでしょう。

さて、このセミナーを受けた数日後に社長プレゼンをした人が

いました。その方は、1～6を忠実に守ってスライドの修正をしたそうですが、そのせいか「君のプレゼンはよくわかるね」とほめられたそうです。

これ以外にも、文章を作成する際に注意すべきことはたくさんあるでしょうが、これまでにも説明してきた次の2つは外せません。

1. 英語の省略語は初出箇所では正式用語を書く。修飾節でその説明を書く。
2. 資料の説明をする際は、資料タイトルの言葉を用い、増えたもの・減ったもの、多いもの・少ないものについて、数量や比が直観的にわかるような形容を心がける。

それ以外にも、誤読されない文章を書くには、次のようなことに注意するとよいでしょう。

3. 主語と述語がねじれていないか点検する。
4. 主語や目的語を省略する（ゼロ照応）のは、①直前の文の主語と同じ場合、②直前の名詞を省略する場合、になるべく限定する。
5. 連用中止を3回以上連続で使わない。
6. 主観的・大げさな言葉（例：些末、偏重、～すべき、まったなし）を多用しない。
7. 引用箇所はかぎカッコで囲み、引用元を書く。

この中で、一番難しいのは、3と4と5です。

「私の特技は、英語が得意です」

「この商品の特長は、コスト削減につながります」

どちらも典型的な「ねじれ文」です。

前者を修正するなら、「私は英語が得意です」、「私の特技は英会話です」となるでしょう。

後者を修正するなら、「この商品の特長はコスト削減につながることです」、「コスト削減につながることが、この商品の最大のメリットです」となるでしょう。

このような短い文で、ねじれ文を書いてしまう原因のひとつは、文章の構造に対する意識が希薄なことにあります。短い文章でねじれ文を書いてしまう人には、RSTの「係り受け解析」や「同義文判定」の能力値が0.5に届かない人が多いです。新入社員研修の段階で、初級編の「助詞トレーニング」と「照応解決トレーニング」をみっちりやるとだいぶ違ってきます。

書くことのプロでも、締め切りに追われたり、校閲が不十分だったりすると、ついねじれ文を書いてしまうものです。

次の例は、とある新聞記事で見つけたねじれ文です。

> 一人ひとりが食品や市販薬の確保といった備えが欠かせない。

ぜひ、読者のみなさんも修正してみてください。音読すると、どこが変なのかすぐわかります。主語を表す「が」が2回登場し

ます。「一人ひとり」を主語だと考えるとねじれていますね。

次のように修正するとよいでしょう。

> 食品や市販薬の確保など、一人ひとりの備えが欠かせない。

文書を書くのが苦手な人がよくつまずくのが5の「連用中止の多用」です。

連用中止とは「山形は盆地が多く、夏が暑い」の「多く」のように連用形で区切る手法です。これが3回続くということは、接続詞で言うと、「そして」だけを使って話すようなもので、だらだらと話が続いている印象を受けます。文をいったん区切り、因果関係を明確にしましょう。

1〜7はリストにして、全社員に配布します。報告書を提出する前に、チェックシートにし、「ねじれ文はないか」、「連用中止が3回以上続いていないか」など、一つひとつ確認するとよいでしょう。

それでもチェック漏れは必ず出てきます。しかし、チェックシートがあれば、上司は「連用中止が3回続いている。それでは因果関係がわからないね」のように具体的に指導することができ、ストレスが減るのではないでしょうか。


このチェックシートによる指導は、企業だけでなく、大学のレポート提出でも有効です。大学でレポートの書き方を身につけて

くれていたら、学生の就職先のあらゆる職場の生産性が上がるのですから、そのほうがよいに決まっています。

学校の職員室でも活用するとよいでしょう。管理職の残業が減るとともに、教員のシン読解力向上が期待できそうです。

上級編

「新井ブートキャンプ」

「ロボットは東大に入れるか」というAIのプロジェクトでも、RSTの開発でも、私はアイデアが浮かぶと、猪突猛進するタイプです。お金がなくても、世間の理解が得られなくても、強引にプロジェクトを始めてしまいます。

そうすると、少数で突破するしかない、という状況に追い込まれます。

「AIに大学入試を突破させる」とか、「『読み』を測定するテストを作る。しかも小学校高学年から大人まで一律に測定できるようなものを作る」といった突飛なアイデアを聞かされても、ついてきてくれる奇特な人は少ないです。そうなると「やる気」の人一倍高い、少数の人たちの生産性をいかに伸ばして、ピカピカの少数精鋭にするか、ということが、プロジェクトを成功させる上で極めて重要になります。きっと多くのベンチャー企業が同じ悩みを抱えていることでしょう。

この半年、スタッフの中から4人を選び、ゲスト2人を加えて6人で、シン読解力と生産性を向上させるトレーニングをしました。その方法と経過、そして結果をご紹介します。最初の1ヶ月はハ

ードですが、3ヶ月で十分効果が出ます。私たちも3ヶ月で終わろうかと話し合ったのですが、「毎朝の日課になったので続けたい」、「やめるのは惜しい」という声があり、7ヶ月150回続けました。

150回を記念して参加者アンケートを取りました。全員が、トレーニングをする前と後では、「業務文書を書くのにかかる時間や書く内容に変化があった」と答えています。その変化とは、「問い合わせフォームやメールの返信にかける時間が短くなった」、「誤解を招くような文章に気づけるようになり、相手により正確に伝えられるようになった」、「内容を整理して書けるようになった」などです。

「解釈が分かれてしまう文章に対するアンテナの感度が上がったように感じる」という興味深い回答もあれば、「最初の頃は時間がかかり嫌でしたが、最終的にはトレーニングをしてよかったと思います」と初めはかなりきつかったという感想を正直に漏らした人もいました。

そして、全員がほかのビジネスパーソンに勧めたいと回答しています。ただし、この中のひとりは、このトレーニングは万人向けというより、「ある程度の読解力があり、文章も書ける人向け（中級・上級）のトレーニング」だと感じた、という意見でした。

そんな「少数精鋭」を育成する（陰で「新井ブートキャンプ」と呼ばれていた）トレーニングの全容をみなさんにご紹介しましょう。

このトレーニングで使うものは、「日経デジタルの見出しとリード文」です。全員が日本経済新聞のIDを登録して、見出しとリード文を読めるようにし、「文章トレーニング」というチャット

ルームを開設しました。

まず、担当者が「今日のお題」となる記事をひとつ選び、チャットルームでその記事へのリンクをシェアします。タスクは、「リード文の内容を読む。次に、見出しの言葉を（できるだけ）すべて使い、1文でまとめる」ことです。

ある日、「今日のお題」として選ばれたのは、次の見出しとリード文でした。

> 新築マンション価格上昇率、東京・大阪が世界首位
> 4月、資材・人件費高　投資マネー底上げ
>
> 東京と大阪の4月時点の新築マンション価格の上昇率が世界主要15都市で首位となった。資材費・人件費などの価格上昇が転嫁されていることに加え、円安などを背景とした割安さに目をつけた海外マネーが価格水準を押し上げた。株価が歴史的な高値圏にある日本の富裕層の購入も進んでいる。
>
> （日本経済新聞2024年5月31日）

見出しは文章にはなっていません。これに助詞や接続詞、動詞や助動詞などを補って、リード文と齟齬のないような1文にする、というのが朝のルーティンです。必要に応じて、リード文に続く本文から情報を補ってよいことにしています。

慣れないうちは、見出しに現れる言葉をその順に使って文章を

作成しがちです。

すると、「新築マンション価格上昇率で、東京・大阪が世界首位となった」で終わってしまい、1文には収まりません。2行目の見出しを無理につなげようとすると、こんな風になってしまいます。

「新築マンション価格上昇率で、東京・大阪が世界首位となり、4月には資材・人件費高が投資マネーを底上げした」

ちんぷんかんぷんで、リード文の内容とまったく違います。

「今日のお題」を選ぶのは、生まれてこのかた、意識して新聞を読んだことのない40代半ばのエンジニアのAさんです。Aさんに1日ひとつか2つでも新聞記事を読んでもらい、世の中の流れを肌で感じるとともに、新聞で使われる言い回しを身につけてほしいと思い、担当者に指名しました。日経の一面で取り上げられるような記事を「今日のお題」として選べたときは、「イイネ！」マークを送るようにしました。記事の目利きができるようになったとうれしく感じたからです。ちなみに、Aさんだけではなく、参加者の過半数が新聞を購読していません。

では、この課題に対して「新井ブートキャンプ」のメンバーが書いた文章をご紹介します。

Aさん　資材費・人件費などの価格上昇が販売価格に転嫁された上に、円安などの影響で海外マネーが価格水準を押し上げたこともあり、東京と大阪の4月時点の新築マンション価格の上昇率が世界主要15都市で首位となった。

Bさん　資材費・人件費などの価格上昇が転嫁されていることに加え、円安などを背景に海外投資マネーの流入で価格水準が底上げされたことで、東京と大阪の4月時点の新築マンション価格の上昇率が世界主要15都市で首位となった。

Cさん　資材・人件費の上昇や円安を背景とした海外投資マネーの流入による価格の底上げにより、今年4月の新築マンション価格の上昇率は、東京・大阪が世界首位となった。

Dさん　資材費・人件費増の価格転嫁や、円安などを背景とする海外マネー流入による価格底上げの結果、東京と大阪の4月時点の新築マンション価格の上昇率が世界主要15都市で首位となった。

Eさん　建築資材や人件費の値上がりに加え円安による投資マネーが流入していることなどから、4月時点の東京と大阪の新築マンション価格の上昇率は世界主要15都市で首位となった。

全員揃って、冒頭に「建築資材や人件費の値上がりに加え円安による投資マネーが流入している」という原因を持ってきています。その上で、「東京と大阪の4月時点の新築マンション価格の上昇率が世界主要15都市で首位となった」という結果を書きました。

どれもよく書けていると思います。

全員が、最初からよく書けていたわけではありません。それなら「新井ブートキャンプ」は必要ありませんでした。このトレーニングを始めたのは、スタッフの文書作成能力を底上げし、週末をゆっくり過ごすためでした。

というのも、スタッフが書いた提案書や報告書をチェックし、赤字で指摘し、誤りのない文書を作成するのにかなりの時間が費され、そのため、ほかの仕事を週末に処理することが多くなっていたからです。

全員がこのレベルに達するまで2ヶ月ほどかかりました。アンケートによると、最初の頃は、文章をひねり出すのに1時間近くかかったと半数以上が回答しています。ところが、トレーニングが習慣になると、かかる時間が半減し、苦ではなくなったと答えています。

参加者は互いの投稿を読み、「上手だな」、「感心した」と思ったものに「イイネ！」をつけます。この日、「イイネ！」を集めたのはDさんとEさんでした。

言葉の使い方などで気になるところがあると、私はコメントを書くようにしています。それに毎日30分くらい費やしていると思いますが、その投資はリターンが大きいことがわかっているので苦ではありません。

では、みなさんにも、「見出し文つなぎトレーニング」を体験していただきましょう。

台風減災、計画運休が浸透
安全へ鉄道が早期判断　10号列島縦断見通し、乗客も理解進む

災害に備えた交通各社の計画運休が定着してきた。台風10号の上陸を前に九州新幹線は28日夜から一部区間で始め、山陽新幹線も29日夜から実施する。気温上昇に伴い台風の勢力は長期的に強まる恐れがあり、早期判断の重要性は一段と高まっている。（1面参照）非常に強い台風10号は30日にも九州に上陸し、日本列島を縦断する見込み。

（日本経済新聞2024年8月29日）

見出しは「台風減災、計画運休が浸透　安全へ鉄道が早期判断　10号列島縦断見通し、乗客も理解進む」です。リード文の内容と一致するように、1文にまとめてみてください。何を冒頭に持ってくるか、がポイントになりますね。

試しにチャットGPTにもチャレンジしてもらったところ、以下のようになりました。

チャットGPT　台風10号による列島縦断が見込まれる中、鉄道各社は早期に計画運休を決定し、乗客の安全確保と理解が進んでいる。

まず、「台風減災」という重要キーワードが使われていません。その上、「早期に計画運休を決定し」たので「乗客の安全確保と理解が進んでいる」ように読めますね。これでは0点でしょう。

この問題で、クリーンヒットを放ったのはAさんでした。

Aさん　台風減災への乗客の理解が進み、災害に備えた交通各社の計画運休が浸透したことで、今回日本列島を縦断する見通しの台風10号でも、鉄道各社が早期に判断し、あらかじめ運休することが決まった。

このトレーニングを始める前は、Aさんの報告書はねじれ文だらけ、助詞の使い分け方もあやふやで、主語や目的語を不用意に省略する傾向がありました。プログラミング能力は高く、やる気もあるのですが、仕様書や提案書を書かせると、とたんに作業効率が落ちます。私は毎日、Aさんの文章に赤を入れるだけで相当な時間を奪われていました。つい「毎回同じことを言わせないで」と感情的に叱ることもありました。今は、初稿の段階で完成稿にかなり近い状態で仕上げてくれるので、私は少しコメントを入れるだけで済みます。

実は、Aさんと私のつき合いは、彼が学生だった時代からなので、かれこれ30年になります。その間、時間と愛情をかけ、工夫をして指導してきたのに、彼が「や」と「と」の区別がついていないことに気づいたのは、迂闊なことについ最近のことでした。非定型的な指導より、定型的なトレーニングのほうが効果的な場

合がある、と私がくり返しお話しするのは、そのような経験からなのです。

Aさんだけではありません。参加した全員の文書が明確になり、また文書作成にかける時間が短縮されました。問い合わせが届いたときに返事を書いたり、提案資料を作成したりしているのを隣で見ていて、「速くなったなぁ」と感心させられるのです。

文章を書くのが高校時代から苦手だったBさんは「文章を書くことに対して、以前は苦手意識があり時間もかかっていましたが、今では短時間で書けるようになり、苦に感じなくなってきました。時間効率が向上したことで、仕事の効率も上がっていると感じています」という感想を残してくれました。

このトレーニングを成功させるコツは、よい題材と明確なルール、そしてよい仲間がいるかどうかのようです。

「他者の文章を読むことで、文章の組み立て方の幅が広がりました」、「文章に書き手の個性が出ていて面白かったです」という感想が何人からも寄せられました。

ただ、仲間さえいればよいということではなさそうで、「読解力と同じく、書けていないことに気づいていないことも多いと思う。続けるには読めて書けて指摘できる人が必要になると思う」という意見もありました。

ブートキャンプの結果、チームの生産性は、少なく見積もっても1.5倍になりました。まさに「少数精鋭」のチームの構築に成功したと実感しています。

シン読解力も十分上がったので生成AIを使っても大丈夫そうだということになり、ブートキャンプ卒業祝いとして、全員に

GitHubのCopilotの有償版をプレゼントしました。それを武器にさらに生産性を上げてくれることでしょう。

子どものためのトレーニング

紙上講座①

RSノート初級編

最初に注意しておきたいのは、なんらかの学習障害を持った「合理的支援」が必要な子どもたちがいるということです。そういう子どもたちに対しては、「取り組ませるのは無理だから」と放置せず、本人、保護者と相談を重ね、さらには専門家の力を借りて、代替手段を考えましょう。

さて、RSノートを使ったトレーニングを紹介しましょう。

題材として使うのは、理科、社会、算数・数学の教科書です。その日、授業のある教科を選び、1週間で3教科、取り組めるよう時間割を調整します。週5日のうち残りの2日は、「筆算が確実にできる」ようになるための計算練習をさせましょう。

低学年から取り組ませたい場合には、国語の教科書を使ってもよいでしょう。その日、トレーニングで取り組む箇所は、「前回授業で学んだばかりのところ」です。

小中学校では、授業は基本的に見開き2ページで進みますから、①用語の定義が書いてあるところ、②難しい用語が登場するところ、③ぜひとも定着してほしいところ、から題材を選びます。小学校では担任の先生が「ここだけは読めてほしい」というところから厳選して視写箇所を決めてください。中学校以上の場合は、

その学年の教科を担当している先生が視写箇所を決め、前の週の終わりまでに担任の先生に伝達します。

児童が1分間に正確に視写する文字数の目安は、「学年×10文字」です。中学生は90秒で90字を目安にするとよいでしょう。

ただし、これはあくまで目安です。小学生は1分で、中学生は90秒で、何文字書けるようになりたいか、自分の目標をあらかじめ立てさせます。最初は、無茶な目標を立てる子がいますが、1週間（3回）やると自分のペースがわかるので、次の週には現実的な目標を立てられるようになります。こうして目標を自己調整することも、「自力で学ぶ」上ではぜひ身につけたい力です。

以下、中学3年生が理科で取り組むことを想定し、「RSノート初級編10分」の流れを説明します。

児童・生徒が使うもの、先生が準備する道具は次の表の通りです。

児童・生徒が使うもの

- **RSノート**（この取り組みのために使う専用ノート。横書き。マスあり。低学年は横10マス、中学年は横15マス、高学年以上は横20マスがよい）
- **教科書**
- **鉛筆**（低学年は2B、中学年はB、高学年以上はHBが望ましい。4本以上そろえる）
- **消しゴム**（よく消える白の消しゴムが望ましい）
- **赤鉛筆**
- **定規**（絵がついていない透明なプラスチック製が望ましい）

先生が準備する道具

- **デジタル黒板**（デジタル黒板とは、すべての学校に配備されているホワイトボードとプロジェクターとスクリーンを兼ねたもの）
- **タイマー**
- **教科書**（理科、社会、算数・数学）

先生は教室に行き、デジタル黒板投影の準備をします。その間に、生徒はRSノートを開いて、日付と教科名を書いて準備をします。

以下が標準的なシナリオです。

先生「RSノートの準備は整っていますか？　今日の教科は理科です。机の上に理科の教科書、RSノート、筆記用具は揃っていますね。RSノートに日付と教科名を書きましょう」（30秒）

先生「では、教科書32〜33ページを開きましょう。今日視写するのはこの部分です」

水酸化ナトリウム水溶液や石灰水、アンモニア水などのアルカリ性の水溶液は、緑色のBTB溶液の色を青色に変え、フェノールフタレイン溶液を加えると赤色になった。

（デジタル黒板に、視写する文を投影する）

先生「教科書のどこにあるか、わかりますか？　指で押さえてみましょう。指で押さえられたら静かに手を挙げてください」（10秒）

先生「前回学習したところですね。10秒で内容を思い出してみましょう」（10秒）

先生「では、一緒に教科書を見て音読しましょう」（40秒）

生徒一斉に音読（先生は耳を澄ます。読み間違いや、読みに自信がなくて声が小さくなる箇所を記憶する）

先生「ところどころ揃わないところがありましたね。では先生が読んでみます」

先生は、はっきりした声で、正しい抑揚で音読（30秒）

先生「思い出せたかな？　では90秒でデジタル黒板から視写します。見えにくい人は、手元の教科書から視写してもいいですよ。用意はいいですか。はい、スタート」

（タイマーで90秒計る。先生は、子どもたちの視写の様子、特に首のふりかたに注意する）

先生「90秒たちました。区切りの線（|）を入れましょう。視写しきれなかった人は、次の句点（。）まで視写しましょう」（追加で最大30秒）

先生「となりの人と交換して、チェックしましょう。間違えているところや、読めなかったところに赤鉛筆で印をつけてあげましょう」（1分）

先生「では、ノートを戻します。今日、時間内に正しく視写できた文字数を、式を立てて計算し、記録しましょう。自分で立てた目標はクリアできたかな？」（30秒）

以上です。

この内容ならば、どの学年でも10分以内でやり切ることができます。たぶん、2週間続けると、7～8分で終わるようになるでしょう。

視写が終わったら、ひとつだけ当該箇所の読解に関する質問をしてください。たとえば、こんな質問です。

「何にフェノールフタレイン溶液を加えると赤くなりますか？」（答：アルカリ性の水溶液）

「石灰水は、酸性、アルカリ性、中性のどれですか？」（答：アルカリ性）

こうした質問が、RSTの「係り受け解析」や「推論」とよく似ていることに気づくことでしょう。それについての知識ではなく、読み解きで答えられるようになるのが、シン読解力への第一歩です。

紙上講座②

RSノート中級編

具体例同定——定義文を読み解く——

小学生で「具体例同定」でC判定になると、次のような学習アドバイスがつきます。

> 最後まで取り組めました。教科書の「～を○○という」（例：2で割り切れる整数を偶数という）の形の文（定義文）に注目しましょう。下線をひいて読み上げたり、ノートに書き写したりするとよいでしょう。また、それに当てはまる例（例：4や8や0は偶数）を3つ考えるようにしましょう。ノートに書いて、先生やおうちの人にみてもらうとよいでしょう。

具体例同定については、こうした学習アドバイスに沿って、1年間取り組みます。判定がCですから、最初は教科書のどこに定義文が書いてあるかを見つけるのが一苦労でしょう。「『ウォーリーをさがせ！』トレーニング」は、具体的なものを探すのはやさ

しく、「定義が書かれている部分を探す」のは難しいです。児童・生徒が自力で取り組むのはなかなか難しいですね。

先生が授業中に「定義が書かれているところはどこでしょう？静かに指で押さえましょう」と「定義をさがせ！」を心がけることで、やがて誰もが探せるようになります。

次に示すのは、社会科の5年生の教科書（東京書籍『新しい社会5上』）に登場する「養しょく・さいばい漁業」の説明です。

「養しょく・さいばい漁業」
養しょくとは、たまごから成魚になるまでいけすなどで育てることです。また、さいばい漁業とは、人間の手で魚や貝のたまごをかえして、川や海に放流し、自然の中で育ててからとる漁業のことです。

ここでは、「養しょくとは、たまごから成魚になるまでいけすなどで育てることです」と「さいばい漁業とは、人間の手で魚や貝のたまごをかえして、川や海に放流し、自然の中で育ててからとる漁業のことです」の2文が定義文です。それらを音読し、視写します。

次に、この定義に当てはまる例を3つずつ考えます。教科書にはたいてい2つ例が書かれています。まず、それを見つけ出します。この作業は「教科書の文法」を理解し、教科書を使いこなす上で役立ちます。

この学習アドバイスのポイントは「3つ例を挙げましょう」というところです。残るはひとつ。考えてもわからないときは、検索して調べます。おうちの人に聞いて、一緒に考えるのもいいで

しょう。「幼魚を捕まえて成魚になるまで育てるうなぎは、養殖と言えるのかな？」などと家族で議論になったら、楽しそうです。

イメージ同定――資料を読み解く――

小学生が「イメージ同定」でC判定を受けると、次のような学習アドバイスがつきます。

> 資料を読み取るための基本が身についています。ただ、すぐ読めるときと、そうでないときがあるようです。算数では、図をかいたり、式を立てたりして考えましょう。また、教科書にグラフや表が出てきたら、その特ちょうを3つ考えることを習慣にしましょう。ノートに書いて、先生やおうちの人にみてもらうとよいでしょう。

では、図に示した実際に小学5年生の社会科の教科書に登場するグラフの特徴を3つ挙げてみることにしましょう。

ぜひ、読者のみなさんも挑戦してください。

1人1日あたりの食べ物の割合の変化（カロリーベース）

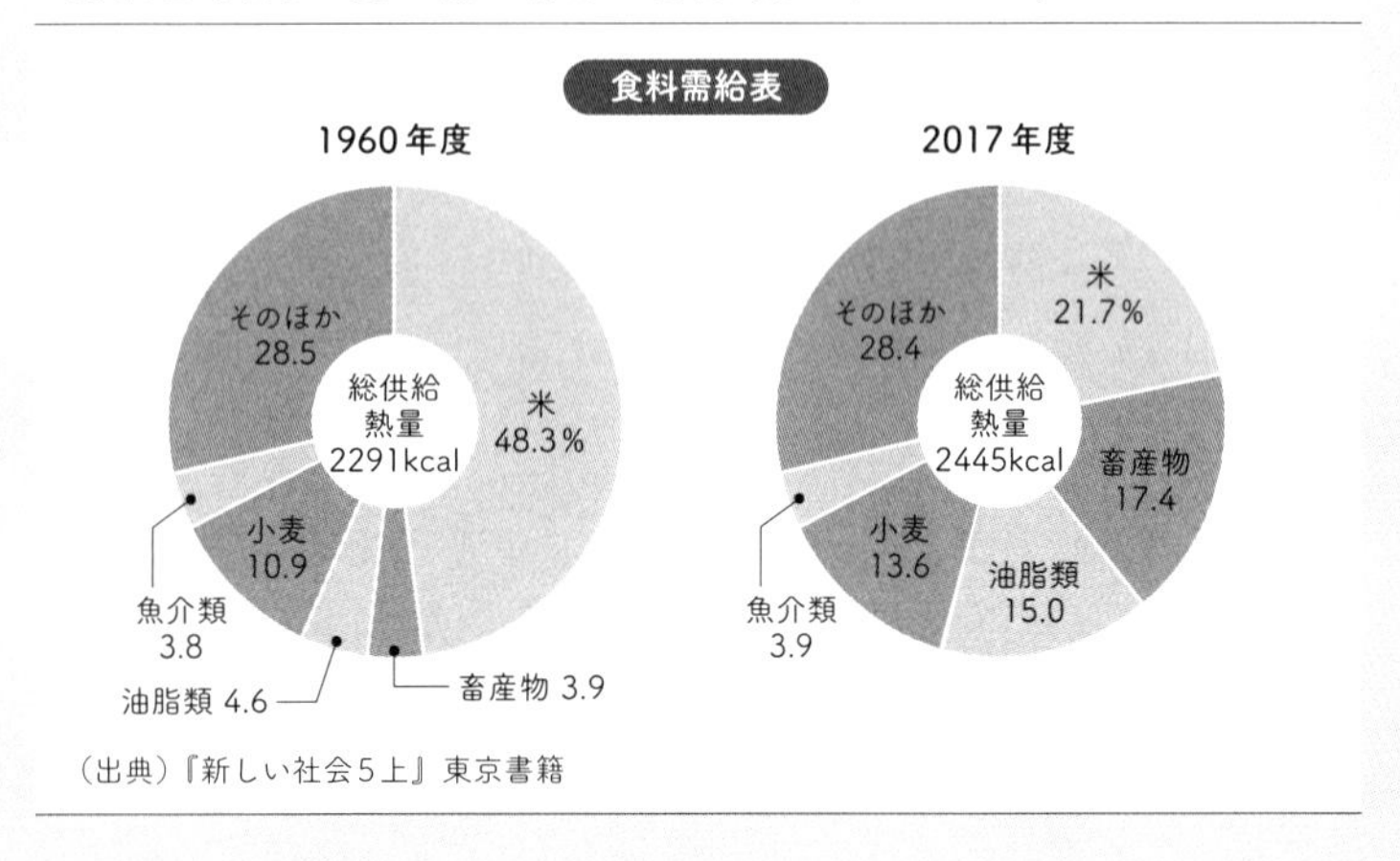

（出典）『新しい社会5上』東京書籍

「1960年度にくらべて2017年度は米が減っている」

これはこのグラフの特徴を表していると言えるでしょうか。

正解とは言えません。多分、学テでも正解にならないでしょう。

この答え方では、米の何が減っているのかがわかりません。量なのか割合なのかが不明瞭ですね。さらに言えば、「何における米の割合がどのように減っているのか」もわかりません。だから不正解なのです。

私がお勧めしている資料の読み解きの基本は次のとおりです。

まず、資料のタイトルを読みます。この資料のタイトルは「1人1日あたりの食べ物の割合の変化」です。このタイトルを使って、主語を決めます。

主語は「1人1日あたりの食べ物に占める米の割合」のはずです。では、書き直しましょう。

「1人1日あたりの食べ物に占める米の割合が1960年度に比べて2017年度は減っている」

どうでしょうか。

これで、少なくとも、誤解なく誰にでも正確に伝わる解答になりました。ただ、「増え方」、「減り方」にもう少し工夫がほしいところですね。子どもたちは（若いビジネスパーソンも）「すごく」、「けっこう」、「かなり」を使いたがります。会社でも、部長に「それではどれだけ減ったのか増えたのか、わからないじゃないか！」と指導を受ける社員は少なくありませんね。「約2倍」、「3分の1以下」のような概数を入れるとよいでしょう。おおよその数の暗算力が鍵になります。また、微減、激減、倍増といった言葉はこういうときのためにあります。

「1人1日あたりの食べ物に占める米の割合が、1960年度に比べて2017年度は半減した」

「1人1日あたりの食べ物に占める畜産物の割合が、1960年度に比べて2017年度は4倍以上に増えた」

ここまで書ければ満点でしょう。

ポイントは、タイトルを上手に使って主語や目的語を作る、ということと、割合なのか総量なのかを区別すること、そして、増え方・減り方を的確に表現することです。

定評のある教科書では「グラフの読み方」が社会科や理科の教科書に、その都度、書いてあります。しかし、これを活用している学校の研究授業を見たことがありません。国語科ならば、ガイ

ドラインがあれば、それに基づいた読み方指導を徹底することでしょう。社会科でも、資料を正しく読み取れるようになるまで徹底すべきだと思います。

たとえば、東京書籍の5年生の教科書では、帯グラフの読み取り方を、コラムで次のように紹介しています（『新編 新しい社会5下』）。

1. グラフのタイトルはなにか。単位はなにか。
2. 全体を見て、わりあいが一番多いのはどれか。
3. 増えているもの、減っているもの、変化がはげしいものはどれか。
4. 全体の数字はどのように変化しているか。
5. 共通していえることはないか。
6. 全体のけいこうから、これからの変化を予想できるか。

このトレーニングを導入しているある小学校で、こんな発言をした児童がいました。

「1人1日あたりの食べ物の総供給熱量は、1960年度と2017年度ではほとんど変わらない」

先ほど挙げた観点のうち「4. 全体の数字はどのように変化しているか」に着目したんですね。

ほかの子の目が割合ばかりに行く中、中央に書かれた「総供給熱量」に注目したよい発言でした。クラス中がどよめいたのも微笑ましく、学級という集団の中で学ぶことのよさを実感した瞬間でした。

コラム❶

ニューラルネットワークの仕組み

「ニューラルネットワーク」は、脳の神経細胞（ニューロン）が作るネットワーク状の情報伝達のモデルです。ニューラルネットワークは「事実」というより、あくまで「こうなっているんじゃないか」という説です。それは、下図のような形をしています。

図中の○は脳の中のニューロンを模しています。ニューロン同

ニューラルネットワークモデル

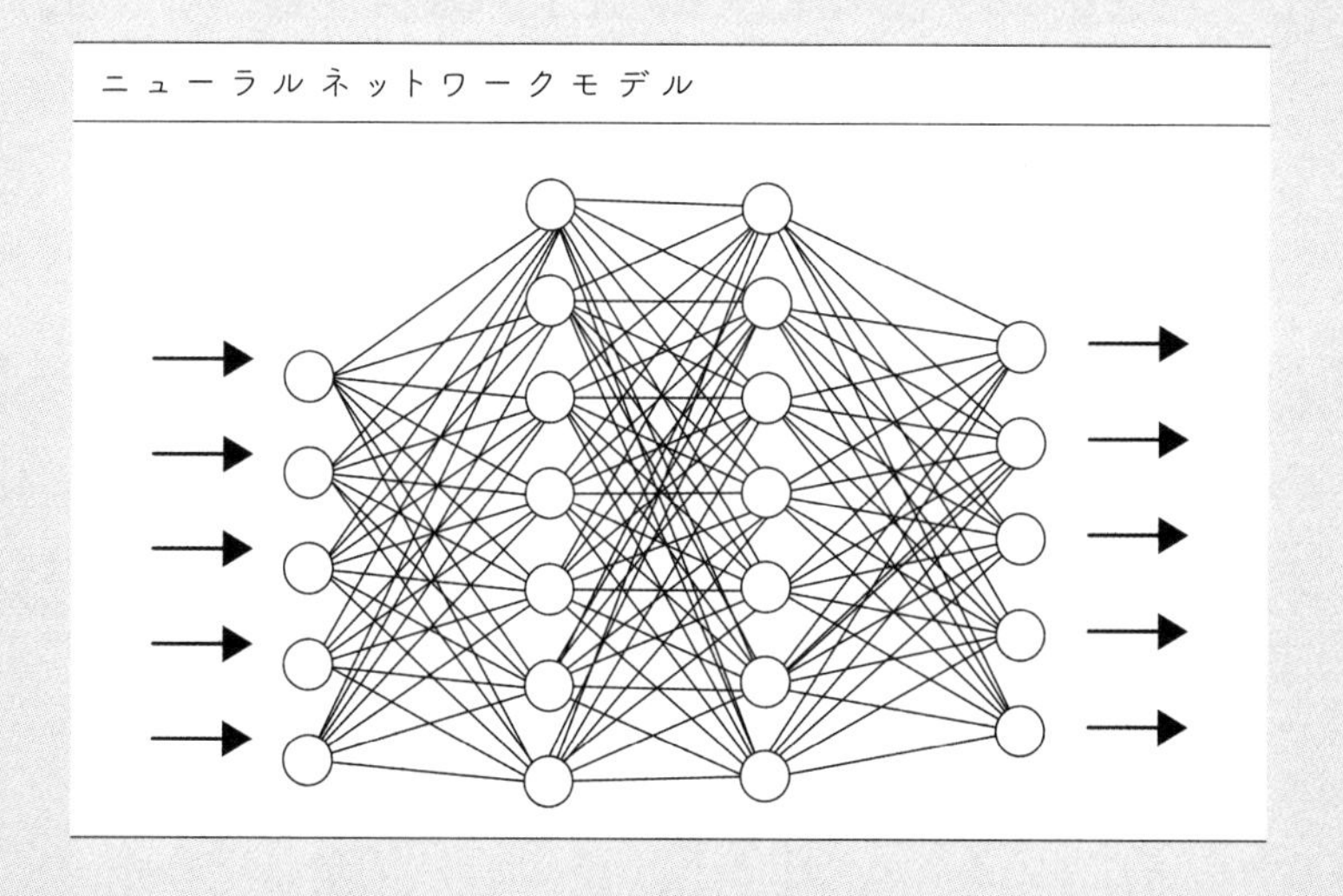

士は軸索と樹状突起というもので結ばれています。樹状突起でほかの神経細胞から情報を受け取り、ニューロン内で情報処理してから、軸索でほかのニューロンに情報を伝達すると考えられています。

ひとつのニューロンは単純な電気信号を出すと考えます。信号が出ているときは1、出ていないときは0です。ちょうど電気のスイッチと同じです。そのスイッチを入れる役割をするのが、そのニューロンにつながっているほかのニューロンたちです。スイッチが切れているときは、値は0ですから何の信号も出しません。けれども、スイッチがオンになると、信号を送ってきます。送られてくる信号を足したもの（和）が「ある数値（閾値）」を超えると、ニューロンのスイッチはオンになる、と考えるのがニューラルネットワークモデルです。

ところで、この図では、どの線も太さが同じですね。また、どのニューロンも等しくつながっているように見えます。

そんなはずはありません。

あるニューロンとあるニューロンは密接につながっていて、また、別のニューロンとはまったくつながっていないことでしょう。ニューラルネットワークでは、この「つながり方」を数値で表します。数値が大きくなるとより強くつながっている、と考えます。この数値を「重み」と呼びます。そして、つながっているニューロンからの信号にその重みをかけることで、つながりの強さを表すのです。

たとえば、信号が1で重みが0.5ならば、$1 \times 0.5 = 0.5$とします。ここで使われるのはかけ算です。そして、ニューロンに入ってくる、重みつきの信号の和を計算します。足し算ですね。それがあ

る数値を超えると、そのニューロンは「発火」して電気信号を出す、と考えるのです。

そして、「ニューラルネットワークモデルを作る」というのは、この理論に基づき、適当な数のニューロンを設定し、それらにつながっている線に重みをつけていくことを言います。

ディープラーニング（深層学習）という言葉もよく耳にすることでしょう。先ほどの図ではニューロンの縦の列が4つならんでいました。これを4層のネットワークと呼びます。さらに多くの層を持つモデルを学習させることを「ディープラーニング」と言います。深いほど、より複雑なモデルを作ることができます。

これがニューラルネットワークとディープラーニングの基本の「キ」です。

「こんなに簡単な仕組みなのか」と拍子抜けしたかもしれません。でも、これがすべてです。そして、実現したい目標のために、適切なニューラルネットワークモデルとその重みを、なるべくコストをかけずに当てるゲームが、現在の人工知能研究のほぼすべてだと言っていいでしょう。

ニューラルネットワークの図をご覧いただければおわかりのように、当てなければいけない重みは膨大にあります。それを「当てる」ためには、それを上回る教師データが必要です。最近のトレンドでは、重みの数の20倍程度の教師データを用意することが多いようです。

首尾よくよい「ペアになっている教師データ」が揃ったとしましょう。その教師データを使って「重み」を調整していきます。その過程を「学習」と呼びます。

膨大な教師データからさまざまな計算テクニックを駆使して重

みを調整するには、巨大な計算資源が必要になります。2018年に、「グーグルのTransformerによって、人工知能は新たな時代を迎えた」というニュースが駆け巡りました。Transformerが画期的だったのは、それまでは直列的に行ってきたAIの学習を並列化することに成功したことです。

Transformer以前は、学習は直列的にしか行えませんでした。世界最強のスパコンでも何百年かかる学習では、意味がありません。学習し終える頃には、開発者もそれに資金を出している企業もこの世にはありません。でも、並列処理できるなら話は別です。資金力に物を言わせて、たくさんのスパコンを並べて学習させれば、数ヶ月で学習が終わる可能性が生まれます。これが、AIの進化の分水嶺になりました。GPTの「T」は、まさにTransformerのTを表わしています。

オープンAIはGPT-3までのパラメータ数を公開していますが、最初に公開されたGPTのパラメータ数は1億1700万です。それが、GPT-2では15億、GPT-3では1750億に増加しています。GPT-2のリリース当時、競合する大規模言語モデルのパラメータ数は数億程度でしたから、GPTは文字通り桁違いの言語モデルだったのです。

オープンAIのような新興勢力であっても、資金調達にさえ成功すれば、何十兆もの教師データを使って、何千億もの「重み」がある巨大なニューラルネットワークの学習をやり遂げる環境が整ったのです。エヌビディアの株価が高騰したのも、元々ゲームなどのグラフィック処理に使われていた同社のGPU（グラフィック・プロセッシング・ユニット）がAIの学習速度を上げるのに必須になったためです。

複雑なタスクを処理するには、規模の大きなニューラルネットワークモデルが必要となり、それにつれて、当てなければならない「重み」が増え、必要となる教師データ量が増えます。そうなると、もう大学の研究者では太刀打ちできません。豊富な計算資源を有しているGAFAM（Google、Amazon、Facebook（現Meta）、Apple、Microsoft）のような一部の企業の独壇場になってしまいました。

コラム②

日本語を「数学語」に翻訳する

数学語の読解では、英語や古文など、「別の言語に翻訳する」教育方法が参考になるでしょう。まずは簡単な例でご説明します。

2に3をたすと5になります。

これを式にすると「2＋3＝5」です。見比べてみると語順が違うことに気づきます。「2に3をたすと5になる」という日本語をそのまま並べると「2　3　＋　5　＝」です。一方、英語では「2 plus 3 is equal to 5（または、2 plus 3 equals 5).」で式の順のままです。数式はゲルマン語系なので語順が日本語と異なり英語的なのです。

指導する側が、それを意識しながら、文章題の「数字まじり生活語」を、「数学語」である式に正確に翻訳するように指導すると効果的です(1)。解き方を教えるというより、日本語で書かれた

(1) 問題文を式に直訳し、あとは計算をするという方法については、拙著『増補新版　生き抜くための数学入門』（新曜社）や『数学は言葉』（東京図書）でくわしく解説しています。

内容を忠実に式に翻訳する「和文数訳」を繰り返し丁寧に指導するのです。

アイザック・ニュートンとほぼ同時期に微積分を発見したドイツの大数学者、ゴットフリート・ライプニッツは「式が代わりに考えてくれる」という言葉を残しています。数学の問題は、それを解釈して式に変換してしまえば、あとは計算で自動的に答えが出るというような意味です。数学において、「読解」がいかに重要かわかる名言です。

算数・数学は、自己流の読みが、立式の失敗に直結するので、読み間違えを早期発見しやすい教科です。発見したらすぐに軌道修正しないと、雪だるま式に誤読が増え、収拾がつかなくなります。

学力に課題のある学校ほど、計算ドリルを多くやって、「まず計算問題で点を取らせよう」としますが、むしろ、文章題の「和文数訳」の量を増やしたほうが、スムーズに中学校の数学に移行できるのではないかと思います。

小学校の算数の一番大きなつまずきポイントは、割り算、特に分数や小数の割り算が登場するところでしょう。足し算やかけ算は、順番を変えても答えが同じなので、「和文数訳」に実は失敗していても、答えは合っていることが多いです。引き算は、（小学校の間は）「小さい数を大きな数から引く」しかないので、これも間違えることは少ないでしょう。問題になるのは割り算です。最初は、「小さな数で大きな数を割る」を実行していれば間違えることはありませんが、「大きな数で小さな数を割る（例：2÷4)」ような場面が出てくると、それまでの経験則が突然通用しなくなるので、子どもたちは一気に混乱します。

こういうつまずきを、むしろ好機ととらえて、足し算やかけ算の立式を「和文数訳」の観点から見直して「準備体操」をした上で、改めて割り算の立式に挑戦させるのもよい方法でしょう。

私が先日目撃した、4年生算数の授業のエピソードから、「自己流の読み」による失敗例をご紹介しましょう。

> 問題：4000円のセーターが3割びきになっていました。
> 　　　ねだんはいくらでしょう。

言葉の並びどおりに「和文数訳」すると、次のような式になります。

$4000 \times (1 - 0.3)$

授業の冒頭で、先生は「3割は、小数にするといくつかな」と尋ねました。

「0.3！」とみんな元気に答えます。よい準備体操です。その上で、先生はこの問題を解かせてみました。残念なことに、3分の1ほどの子どもが間違ってしまいました。誤答のパターンはほぼ2つです。

誤答1：$4000 \div 0.3$と立式する。

誤答2：$4000 \times 0.3 = 1200$と立式し、1200円を答えに書く。

誤答1の子の中には、筆算は完璧（ただし、割り切れないので、

延々と筆算を続ける）な子もいました。計算スキルにも粘り強さにも問題はありません。ただ、算数語の獲得に失敗しているため、自己流の読みを編み出してしまっています。たぶん、「割」という字が出てきたら、割り算と決めてかかったのでしょう。このまま放置すると、どんなに筆算をがんばってもテストで×ばかりつくので、やがてやる気を失ってしまうことでしょう。その前に自己流の読みを修正する必要があります。

誤答2の子は、割合の単元では、「○割」というキーワードが出てきたら、「かけ算する」ことにはしているようです。ただし、「3割びき」の「びき」は読み飛ばしています。うっかり読み飛ばしたのか、どうしてよいかわからないから、とりあえず飛ばしたのか、そこを見極めて指導することが大切です。見極めには音読と図解が有効です。

割合算はできない子が多いことが広く知られており、小学校ではかなり時間を割いて教えています。ただ、私が見る限りでは、トレーニング量が足りていません。

学力（言い換えればシン読解力）の状況が厳しい学校ほど、この単元には十分に時間を割くよう助言しています。

「700円のラーメンが1割びき」のように、数字と対象を変えただけの問題をいくつか並べ、まずは（計算はさせずに）式だけを書かせます。ここまでは、たいていできることでしょう。それで「やればできる」という気持ちにさせます。次に「今なら2割増量」とか「1割値上がり」のように、増えるものに取り組ませます。最後に「ねだんはいくら」、「増えた量はどれだけ」、「いくら値上がり」など、求めるものがまちまちになっている「混ぜた問題」を見せて、立式させます。グルーピングさせたり、言葉や文節の

対応表を作らせたりするとよいでしょう。ただし、その場ではできても、1ヶ月後にはできなくなることが多いので、復習は欠かせません。

その際、問題数だけたくさんこなすトレーニングではなく、文の中の言葉や文節と式のパーツとの対応表を作ると、わかりやすくなります。「和文数訳」する前に、本質的にはいらない言葉（例：セーター）を除き、「和文数訳」しやすいような「同義の文」に言い換えることができると、立式がよりスムーズになります。同義文判定の能力が重要になるポイントのひとつです。

4000円のセーターが3割びきになっていました。

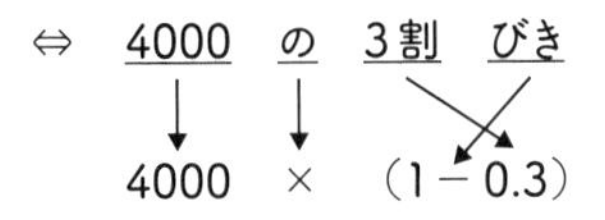

この方式は、「問題文を式に変換する」と「計算する」という2つの課題内在性認知負荷が重すぎて指導が行き届かないとき、課題を分割してそれぞれの認知負荷を十分に下げておき、どちらもやれる状態になってから合体させる、という考え方です。それによって、「式さえ正しく立てれば、あとは計算だからできる」と自信を持たせるのです。

【著者紹介】

新井紀子（あらい　のりこ）

国立情報学研究所　社会共有知研究センター長・教授。

一般社団法人　教育のための科学研究所　代表理事・所長。

東京都出身。一橋大学法学部およびイリノイ大学数学科卒業、イリノイ大学５年一貫制大学院を経て、東京工業大学より博士（理学）を取得。専門は数理論理学。2011年より人工知能プロジェクト「ロボットは東大に入れるか」プロジェクトディレクタを務める。2016年より読解力を診断する「リーディングスキルテスト」の研究開発を主導。

科学技術分野の文部科学大臣表彰、日本エッセイスト・クラブ賞、石橋湛山賞、山本七平賞、大川出版賞、エイボン女性教育賞、ビジネス書大賞などを受賞。

主著に『数学は言葉』（東京図書）、『コンピュータが仕事を奪う』（日本経済新聞出版社）、『ロボットは東大に入れるか』（新曜社）、『AI vs.教科書が読めない子どもたち』（東洋経済新報社）、『AIに負けない子どもを育てる』（東洋経済新報社）などがある。

一般社団法人　教育のための科学研究所

シン読解力
学力と人生を決めるもうひとつの読み方

2025年2月24日　第1刷発行
2025年3月19日　第2刷発行

著　者――新井紀子
発行者――山田徹也
発行所――東洋経済新報社
〒103-8345　東京都中央区日本橋本石町 1-2-1
電話＝東洋経済コールセンター　03(6386)1040
https://toyokeizai.net/

ブックデザイン……橋爪朋世
ＤＴＰ…………アイランドコレクション
印　刷…………ベクトル印刷
製　本…………ナショナル製本
編集協力………岩本宣明／山﨑豪敏
編集担当………永濱詩朗

Printed in Japan　ISBN 978-4-492-76267-7

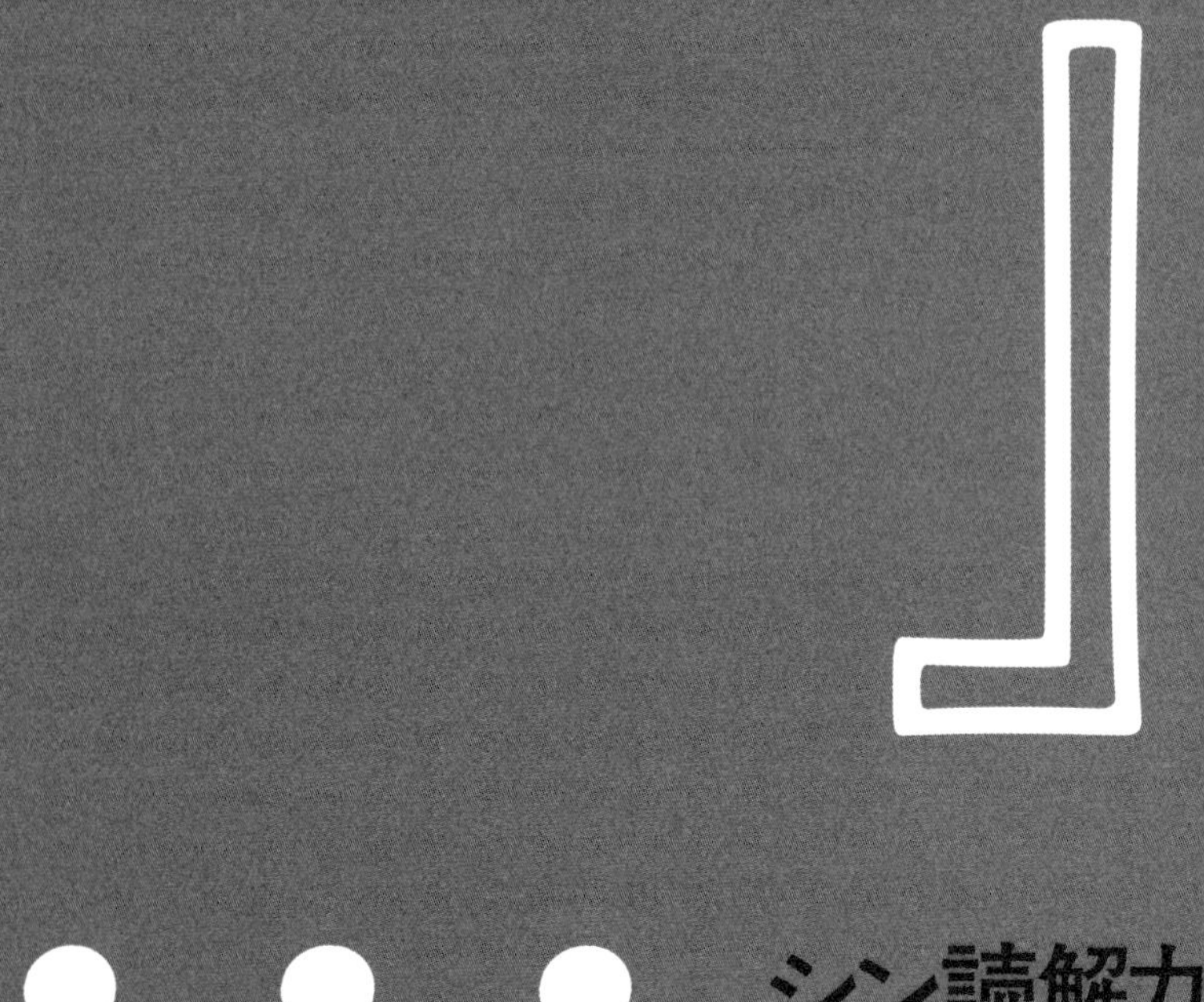

シン読解力